本书受中国历史研究院"兰台青年学者计划"项目（2022LTQN606）资助，特此致谢。

瞿骏——著

社会主义与中国江南

文明重焕

上海人民出版社

目 录

绪　论

————————

一部中国现代发展史千头万绪，在 1949 年中华人民共和国成立之前，其主线可以用 12 个字来概括，即"国家蒙辱、人民蒙难、文明蒙尘"。

在 12 个字里，前 8 个字构成我们自中小学开始，认知 1840—1949 年间中国历史的基础。我们熟悉于一个个不平等条约——《南京条约》《天津条约》《北京条约》《马关条约》《辛丑条约》；我们形成了 1840—1949 年间中国历史黑暗屈辱的深刻印象；我们对"走出中世纪""天朝的迷梦""落后就要挨打""开眼看世界"等说法耳熟能详。不过对于前 8 个字的无比熟悉带来了一个问题，那就是后面四个字应该怎么讲——究竟什么叫"文明蒙尘"？

其实在相当程度上，前面所说的熟悉条约、黑暗屈辱的印象和耳熟能详的种种说法让我们经常不太好理解什么叫"文明蒙尘"。这里首先要解释一下什么叫"文明蒙尘"，最简单地说就是：

中国挨了别的国家的打，中国的老百姓吃了别的国家的亏，无论是外人还是一部分中国人都在说打得活该，吃亏应当，因为你们（我们）不够"文明"！！！

极不文明的侵略者反说被侵略的国家和人民不够"文明"，无疑极其滑稽，但这种极其滑稽的现象却在世界现代历史进程中屡见不鲜。滑稽带来的不是"喜剧"，而是"累累的悲剧"，于是有殖民地人士将这样的悲剧概括为一句通俗又深刻的话："杀人放火金腰带，修桥补路无尸骸。"而要正视滑稽带来的"累累悲剧"，以下道理大概要重新讲一遍：

一条道理是每个能延续至今的文明都是绵延不绝的，又是升降起伏的。在历史长河中，有一个文明上升的阶段，亦会有一个文明不那么令人满意的阶段，这是文明存续的常态，也是历史发展的常态。中国俗语里谈兴衰荣辱有"三十年河东，三十年河西"之说，但谈及中华文明的发展，一些人却好像忘了这个道理。他们常将世界现代历史进程中因侵略殖民掠夺而起的一些文明视作常态的、普世的，上升后就永远不会下降的文明，而把中华文明和世界上其他古老文明视作为非常态的、地方性的，一段时间内不那么令人满意就代表着永远落后的文明。

另一条道理是文明本是多样的、丰富的，过去的文明是这样，现代文明也是这样。世界上不存在一个铁板一块的现代文明，每个国家、民族都能够走出有自己特色的、符合国家民族特点的现代文明道路。同时若一个文明在当下依然能具有活力，其传统文明与现代文明之间就不可能截然两分。现代文明可以创造性转化传统文明，传统文明亦可以不断奠基反哺现代文明。

最后一条道理是每一个文明都与物质、科技发展有关，但不以物质、科技发展为全部。任何一个文明的永续发展都需要物质文明和精神文明相协调，都需要人与自然的和谐共生，继而在发展生态文明的大格局里作物质积累，作科技推进。以"坚船利炮"来炫耀文明可以得逞于一时，但不会横行于一世。

基于以上三条道理，中华文明不是"重生"，因为她从未死亡；而是"重焕"，她本就辉煌灿烂，但因中途"蒙尘"，需要擦洗拂拭，以让她重现辉煌灿烂。在这个意义上，中华民族5000多年的"文明史"，中国人民自1840年以来180多年的"斗争史"和中国共产党自1921年以来百余年的"奋斗史"紧密联系，互相依存，需要作更贯通、更综合和更深入的理解。研究、讲述"三大历史"需要具备对中华优秀传统文化的"温情与敬意"；需要认识到中华文明是现代中国历史发展的起点和基础，现代中国历史发展则不断续写、光大中华文明；需要在中华文明大历史的传承中定位和书写现代中国历史，构造起关于她的整体论述，下面让我们展开说一说。

一、如何讲述现代中国的"起点"

从中学历史教科书到大学公共课的历史教学，都告诉我们1840年后的中国社会是"半殖民地半封建社会"。这一概念对于现代中国的整体论述有着奠基性作用。若以"文明重焕"的视野看，针对这个概念需要再多说一些话。即当我们讲中国发生了从"封建社会"向"半殖民地半封建社会"的转变时，需要告诉人们"变化之前是何模样"，也就是"封建社会"尤其是明清时代的"封建社会"究竟是何模样。对此著名的马克思主义经济史学者王亚南就有其敏感，他说：

> 研究现代中国经济，在科学系统的说明上，往往要求涉及过去传统封建经济因素，自难免有人会觉得那是超出了研究的范围……然而在事实上，我们传统经济不但在我们所研究的对象中，占着一个非常重要的地位，而且它本身的历史特质，还在大家断断争辩中。[1]

从王亚南的洞见出发，我们不难看出明清时代的"封建社会"的模样，实际上在中学历史教科书和大学公共课历

---

[1] 王亚南：《中国半封建半殖民地经济形态研究》，人民出版社1957年版，第51—52页。

史教学中是被大大简化的（因课时和教学的需要这可以被理解，但需要进一步讨论）。因此一些教材中才会说："中国封建社会的经济、政治、文化、社会结构，一方面巩固和维系了中国封建社会的稳定和延续，另一方面也使其前进缓慢甚至迟滞，并造成不可克服的周期性的政治经济危机。"[1]这样的表述其实不太容易讲清现代中国的"起点"。

难以讲清的关键在：若以一个用"专制""腐朽""黑暗""缓慢""迟滞""闭关自守""故步自封"等词汇来定位的"封建社会"作为现代中国的"起点"，虽然也道出了中国"封建社会"的一部分特点，但也可能就此陷入20世纪初年欧美列强把"中西之别"悄悄转换成"古今之别"的重大文化危机。

在"古今之别"里，前述那些用来描述封建社会（实际上是"中国"）的关键词背后其实隐然有另一些关键词，它们是用来定位（甚至歌颂）"西方"的，比如"民主""自由""先进""光明""发展""自由贸易""开放进取"等，若是用一些教科书中的表述则为："到了鸦片战争前夜……中国已经落后于西方资本主义国家。"[2]

这一表述若大而化之地理解也不能算全错，但如果要谈

[1]《中国近现代史纲要》编写组编：《中国近现代史纲要》，高等教育出版社2018年版，第9页。

[2]《中国近现代史纲要》编写组编：《中国近现代史纲要》，高等教育出版社2018年版，第9页。

"落后"，就需要讲清究竟是指什么方面的"落后"。若指的是中国各方面的"全盘落后"，大概就有问题。这个问题不仅表现在史实上，哪里有一个古老且依然保持生机的文明是"全盘落后"的？更表现在由此而得出的"推论"上。因为以"全盘落后"为逻辑起点，则推论出的是：列强为现代，中国为古代；列强为文明，中国为野蛮；列强为先进，中国为迟滞，则"古今之别"就造成了列强与中国在世界现代历史发展序列中的位置固化，且这种"固化"因古和今成了一条直线而不太能得到改变。"加州学派"的代表性学者王国斌就认为：

> 中国在 19 世纪踏进了我们现在所认知的全球史当中，而我们对此所采取的观点，是依据那些将西方想法、制度认作进步，而将在地习俗、措施的存续认作退步的衡量标准。相同或类似的准绳，也进而被应用到 20 世纪的中国历史上。[1]

若我们能跳出"古今之别"的窠臼，转而以"中西之别"看中国"封建社会"，所看到的会相当不同。因为在"中西之别"里，中国"封建社会"的历史书写可比喻为一

---

[1] [美] 王国斌：《鉴往知来：中国与全球历史变迁的模式与社会理论》，李立凡译，台湾交通大学出版社 2019 年版，第 79—80 页。

个音乐家的传记，西方历史的书写可比喻为一个网球手的传记。网球手传记中记录的进步点滴与辉煌时刻在音乐家传记中可能全无踪迹，但这并不妨碍音乐家传记里也有属于音乐天才自身的进步点滴与辉煌时刻。[1] 由此英、美、法的政治革命、列强近代工业革命和依次前推的宗教改革、大宪章颁行、文艺复兴等固然为西方历史的"进步"，却不必在中国历史中去强行一一对应、孜孜以求。明清时代的中国自有其本身的"进步"，如疆域版图的扩大、人口的急速增长、多民族治理模式的完善、全国性市场的形成、海外贸易的发达等。这些内容其实都已在近年来教材的不断修订中有所体现，重新认识现代中国的"起点"已呼之欲出。

重新认识建基于中国历史的两个基本大前提——地方大与人口多。中国历史发展至明清时代尤其是清代，中国的疆域范围达到巅峰，人口也在爆炸式增长。这两个基本前提造成了当时中国既享受着"大"的好处，也面对着众多"大"的难处。好处与难处的错综并存正是明清时代"封建社会"之政治、经济、文化的基本特点，具体表现在以下几个方面。

第一，明清时代"封建社会"政治的基本特点是国家基

---

[1]　这个比喻得自钱穆。参见钱穆：《国史大纲》，商务印书馆 2013 年版，"引论"，第9—10 页。

于郡县制的大一统集权。若无"大一统"和"权力集中"，则如此超大规模国家的治理就会出现严重问题。但在郡县之下，中国广大基层社会又处于实际上"自治"的状态，遂导致日后孙中山、梁启超等人常讥之为"一盘散沙"。但正是这"一盘散沙"式的基层自治状态，保证了明清政府能以相对小的"制度成本"来处理一个大国需要面对的各种复杂问题，这是"大有大的好处"。

但对一个政府来说，以相对小的"制度成本"来治理一个庞大国家，风调雨顺的年代无太大问题，但如果遭遇严重天灾和对外战争，这个政府就会因其动员能力不足而难有出色的表现，这是"大有大的难处"。

第二，明清时代"封建社会"经济的基本特点是以农耕为主的自然经济，但总体上的自然经济并不意味着中国没有市场和贸易。16世纪和17世纪，中国是世界上产业最先进的国家。中国的丝绸、瓷器等是国际市场上的抢手货，对外贸易全部顺差，中间虽然经历过萧条，但到清前期尤其是康雍乾三朝，市场规模空前扩大，市场组织、商品结构、运储条件均有改进。中国不仅有地方小市场，亦有区域大市场；不仅有中近距离的贩运贸易，亦有远距离的长途贩运贸易。此种商贸的演进和疆域扩大、人口增长带来的各种效应都有密切关系，这是"大有大的好处"。

不过当时虽有经济增长、市场扩大、贸易繁荣和商人实际地位的上升，但在中国人尤其是众多读书人的观念里，仍以耕读传家为"本"，贸易商业毕竟为"末"。这常让中国人不太重视"富强"，所谓"国家之所以存亡者，在道德之浅深，不在乎强与弱；历数之所以长短者，在风俗之厚薄，不在乎富与贫"。[1]

与不重视"富强"相对照，中国的"民本"思想源远流长，非常重视"民生"。在一个还没有"万国竞争"的时代里，不重富强而重民生实在是一件好事，而非一件坏事。况且一个不太重视"富强"的国家却在经济上亦能保持相当领先的地位，其中的历史因果更值得深入探究。

第三，明清时代"封建社会"文化的基本特点是以儒家学说为基础，融合道、法、释诸家，以"天下"为基本架构，造就了一套既具有和平特征又极富包容性的中华文明。其以科举制为基本平台，一方面成就了"靖一国之思想，同一国之风气"的国内思想文化环境[2]，另一方面远播朝鲜、越南、日本等亚洲各国，在价值观输出上具有强大影响力。

对于中华文明，我们一方面要充分认识到它对于一个以地方大、人口多为基本前提的国家的重大意义。这个意义就是：中国那么大，人那么多，每个地方都那么不一样，

---

[1] 顾炎武著、黄汝成集释：《日知录集释》（中），上海古籍出版社 2006 年版，第759 页。

[2] 皮锡瑞日记，癸卯闰五月初二日条，《皮锡瑞全集·日记》，中华书局 2015 年版，第 1661 页。

在那么多"不一样"的基础上，一个整体意义上的"中国"是如何出现的？正是依靠中华文明的包容力量和整合力量，在漫长的中国历史发展过程中，无数当年的"蛮夷"因文化的接受而变成了今日的"华夏"。

另一方面也要清醒地意识到我们百多年来给中华文明尤其是中华优秀传统文化加上了太多"污名"，似乎这套文化已成我们前进的桎梏。其实正如钱穆所言：不要将"我们当身种种罪恶与弱点，一切诿卸于古人"，否则即是一种"似是而非之文化自谴"。[1]

总之，古代中国的确是背负着沉甸甸的"过去"蹒跚地走进了现代中国。这沉甸甸的"过去"让我们"船大不易掉头"，饱尝艰辛和苦难。但在中华民族伟大复兴的历史进程中，也正是这艘古老"大船"载着我们勇往直前。因此对这些沉甸甸的"过去"大概要作重新审视。曾几何时，它们被称为"历史包袱"，但即使是"包袱"，也不必一定全部"卸之而后快"，否则中华民族5000多年的文明史传承就无从谈起。

何况在"文明重焕"的眼光下，沉甸甸的"过去"同时意味着祖先留下的丰厚财富，其完全能为当下和未来提供富含"本土性"的思想资源，进而产生充沛的前进动力。因此如何在文明史传承的框架下带着"温情和敬意"讲述

[1] 钱穆：《国史大纲》，商务印书馆2013年版，第1页。

现代中国的起点，就是个相当关键的问题。而这一问题又与下面要谈的如何看待现代中国之沉沦与荣光的辩证统一问题具有内在的密切联系。

二、现代中国之沉沦与荣光的辩证统一

在目前中学历史和大学历史公共课的框架下，中国进入现代的最初过程是一个由封建衰世转变为"半殖民地半封建"社会的不断"沉沦"的过程。由此大学历史教科书和中学历史教科书的衔接一方面是顺理成章的，但另一方面也是基本没有差别的。中学生对黑暗、屈辱的中国近代史根深蒂固的印象到了大学也依然如此，以致大学里虽然也讲"抗争"和"斗争"，但好像总是"屈辱性历史记忆"太多，"抗争"和"斗争"的历史记忆较少，"荣光性历史记忆"更是几近不见。

对此，我们一方面要承认 1840 年后中国"沉沦"的连续性和"沉沦"带给当时国人和今日国人的巨大屈辱感，这当然是现代中国前半部分历史非常重要的面相。但另一方面，如何以新的视角观察这段历史，特别是从中国人民持续不懈地"抗争"和"斗争"出发，充分阐释出由"抗争"和"斗争"带来的"荣光"，进而从沉沦与荣光的辩证统一来解读这段历史是一个巨大挑战。

简单地说这一挑战可以从两个问题来作回应，一个是如何从世界范围看 1840 年后现代中国沉沦与荣光的辩证统一，另一个是如何从世界新秩序建构的角度来看 1840 年后现代中国沉沦与荣光的辩证统一。

从第一个问题说，1840 年后的中国进入了"半殖民地半封建"社会，对这个"半"字需要特别加以注意。"半"字在一个维度上意味着"主权丧失"，即"中国已经丧失了完全独立的地位，在相当程度上被殖民地化了"。[1]但在另一个维度上，"半"字意味着在那个被梁启超称为"民族帝国主义"的时代里，中国从未完全沉沦为"直接殖民地"和"完全殖民地"。教科书里的具体表述是"还有一定的主权"，与连名义上的独立也没有，而由殖民宗主国直接统治的殖民地"尚有区别"。[2]

其实不止"尚有区别"! 在世界范围内看，这是中国人民坚持不懈"抗争""斗争"的结果，可以说是值得称道的"荣光"。1840 年后中国"沉沦"到最底部的时刻一般判定为 1901 年《辛丑条约》签订，在日常教学中亦强调从《南京条约》到《辛丑条约》中国"半殖民地半封建"化程度不断加深，直至帝国主义"日益成为支配中国的决定性

---

[1] 《中国近现代史纲要》编写组编:《中国近现代史纲要》，高等教育出版社 2018 年版，第 12 页。
[2] 《中国近现代史纲要》编写组编:《中国近现代史纲要》，高等教育出版社 2018 年版，第 13 页。

力量"。[1]

但把中国放到当时的世界中，与其他国家比较，就会发现中国"沉沦"到底的时候，非洲90%的地区、亚洲56%的地区、美洲27%的地区以及澳洲全部，都已沦为列强的直接殖民地和完全殖民地。[2]到第一次世界大战后局面仍未改观，国民党二大宣言即说：

> 欧战以后，世界地图，实表示一幅人类被奴隶之可怖的写真。如世界全面积等于一万三千四百万方基罗米突，则属于帝国主义及被管辖于帝国主义之殖民地，其面积等于九千万方基罗米突。[3]

对比直接殖民地和完全殖民地的主权沦丧状态，中国在帝国主义列强步步紧逼下之仍能保有相当一部分主权。[4]除中国外，同时期世界上能做到此点的仅有五个国家——波斯、土耳其、埃塞俄比亚、泰国和日本。[5]

---

[1]《中国近现代史纲要》编写组编：《中国近现代史纲要》，高等教育出版社2018年版，第14页。

[2] 上海师范大学政治教育系、《国际共产主义运动简史》编写组编：《国际共产主义运动简史（1848—1917）》，上海人民出版社1976年版，第209—210页。

[3] 中国第二历史档案馆：《中国国民党第一、二次全国代表大会会议史料》（上），江苏古籍出版社1986年版，第436页。

[4]《中国近现代史纲要》强调的是"在某些时期，中国的某些地区甚至沦为帝国主义直接统治的殖民地"。参见《中国近现代史纲要》编写组编：《中国近现代史纲要》，高等教育出版社2018年版，第14页。

[5]［美］斯蒂芬·哈尔西：《追寻富强：中国现代国家的建构，1850—1949》，赵莹译，中信出版集团2018年版，第30页。

进一步说，若以清朝鼎盛时期的版图作为标准，在 20
世纪上半叶，世界上的诸多老大帝国如奥匈帝国、土耳其
奥斯曼帝国都已维系不了旧日版图，纷纷解散离析、土崩
瓦解，昔日荣光只能留在历史的尘埃之中。只有中国虽然
在清朝灭亡后经过多次政权转移，但大体上保持了清朝旧
有版图，并在此版图基础上一步步复兴。因此从"秋海棠"
到"雄鸡"的中国版图变化并不能仅仅看作是割地赔款
的"屈辱"。在一个充满血与火的时代里，中国人民全力斗
争，苦苦坚持，进而在中国共产党的领导下走向了中华民
族伟大复兴，这其实是一种"大成功"。[1]那么究竟如何判
断一个国家在世界现代历史进程中是"成功"还是"失败"
呢？这决定于笼罩现代世界的秩序是怎样的，因此就要讨
论第二个问题——世界新秩序如何构建。

1840 年后中国的"沉沦"虽然具体表现在丧权辱国、
割地赔款，但最为可悲的"沉沦"却不在于此，而是表现
在经过了自 1840 年起 60 多年被侵略的痛苦历程后，到 20
世纪初中国自身尤其是在一部分读书人中开始流行起"沉
沦"不是列强侵略的结果，而是列强不得不以战争的方式
为腐朽老迈之中国带入"文明"的论调，其基本内容说的
是中国在 60 年对外战争中屡战屡败是因为从器物、制度到

---

[1] 王海洲：《从秋海棠叶到雄鸡：现代中国地图的象征化与国家认同构建的嬗变》，
《江苏社会科学》2016 年第 6 期。

文化的全面落后，由此推出了一个醒目道理——"落后就要挨打"。

这个道理虽然醒目，却必须要加以仔细分梳，必须认识到"落后就要挨打"是一种"实然"的道理，即国家实力弱小，则输掉对外战争的概率非常大，因此必须要全力发展经济、建设国防。但它不是一种"应然"的道理，即一个国家地方小、人口少，经济、军事实力弱就应该"挨打"，更决不意味着原本落后的国家一旦强大了，就可以去侵略其他弱小国家。此正如辛亥革命元老朱执信所言"拿强力去拥护权利，就会同公理冲突，就会翻身转到'强力就是公理'的地位"。[1]

可是在清末民初，相当一部分读书人把"落后就要挨打"看成了"应然"的道理。他们想象的世界秩序与列强意欲强加于全球的世界秩序是"同构"的，具体表现在清末十年的读书人把世界之人种按照肤色分为白、黄、黑、棕、红五色，认为日后世界将由白种人统治，黄种人若能奋起一搏，尚有一线生机与白种人共存于地球，其余黑、棕、红等人种则在必然被"进化淘汰"的行列，因此这些读书人常常幻想能够占领"弱种"国家为殖民地，进而称霸全球，"郡县天下"。

---

[1]　朱执信：《不可分的公理》（1919 年 9 月 21 日），载广东省哲学社会科学研究所历史研究室编：《朱执信集》下集，中华书局 1979 年版，第 466 页。

刘师培就对觉醒后的中国在全球的地位作过一番畅想。在他看来，中国要把被侵占的土地都收复回来，"北尽西伯利亚，南尽于海"，接着建立强大的海军，"以复南洋群岛中国固有之殖民地"。然后迁都于陕西，"以陆军略欧罗巴，而澳美最后亡"，最后"宗主地球"！

康有为则借《爱国歌》说道："我速事工艺汽机兮，可以欧美为府库！我人民四五万万兮，选民兵可有千万数。我金铁生殖无量兮，我军舰可以千艘造。纵横绝五洲兮，看黄龙旗之飞舞！"[1]

刘师培与康有为一个是革命党，一个是立宪派，无论在学术意见和政治立场上都极其对立，但在清末读书人狂想中国如何"竞雄世界"上竟然如此相似。

这种"民族帝国主义"式的世界秩序想象，清末就已有人作出反思，如杨度就希望"有优胜（之国）而无劣败之国"。[2]到五四时期特别是马克思主义在中国大范围传播后，这种世界秩序想象才有根本性改变。改变概略言之表现在：对世界上所有受压迫阶级的一视同仁，对于列强瓜分世界、殖民掠夺的强烈谴责和对于世界弱小国家、民族的充满同情与休戚与共。它冲破了对己国十分"文明"却

---

[1] 刘师培:《醒后之中国》，载李妙根编:《刘师培辛亥前文选》，朱维铮校，中西书局 2012 年版，第 56、57 页。姜义华、张荣华编校:《康有为全集》第 12 集，中国人民大学出版社 2007 年版，第 139 页。

[2] 杨度:《金铁主义说》，载刘晴波主编:《杨度集》，湖南人民出版社 1985 年版，第 220 页。

对他国无比野蛮的"文明等级论"，试图打造一个各国平等互惠、各美其美、美美与共的"人类命运共同体"。因此，若要回答为何"只有中国共产党才能救中国"，应先从现代中国"沉沦"与"荣光"辩证统一的角度来分析为何中国共产党从诞生之初就没有停留在"解释世界"，而是走向了真正的"改造世界"。

三、现代中国历史发展中的"江南"[1]

历史中国和现代中国有许多差异之处，但也有许多共同特点。其中前文所说的中国地方大、人口多就是两个最基本的共同特点。这两个特点让中国人经常能感知到"两个中国"，一个是立足于本乡本土，属于山河岁月的"所见之中国"，还有一个是立足于天下，能够让中国人逞其心胸之知的"所闻之中国"。

所谓"所见之中国"和"所闻之中国"大致对应于传统知识分子说的"耳目之知"与"心胸之知"。"耳目之知"和"心胸之知"既是联系的，又是不一样的，进而如《公羊传》所言，有所见、所闻和所传闻的区别。这个"所见"和"所闻"的传统实际体现的是一种观察的距离，"所见"

---

[1]　本书所指的"江南"或"江南地区"大致对应学界已有相当共识的"小江南"区域，即明清时代的苏州、松江、常州、杭州、嘉兴、湖州府以及太仓州范围，兼及"中江南"区域，即镇江、江宁（明代称应天）、宁波、绍兴府范围。

是直接的，"所闻"是间接的，"所传闻"是再间接的。以中国之大，在古代任何人都不可能走遍全国，因此一定是一个以其"耳目之知"推及"心胸之知"的过程，读书人在其活动范围内的亲见亲闻一定会深深影响他对整体中国的印象、判断和解说。这一特点在 1840 年后也并未消失。[1]

这是因为 1840 年后，中国虽然在帝国主义列强冲击下在各方面都发生着剧烈的变化，但在中国各个地区变化的程度、速率是不一样的。在冲击之下江南地区当然也在发生剧变，但冲击和剧变对江南人民来说既意味着"半殖民地"化的挣扎，又意味着在冲击和剧变里，中国人所熟悉的，贯通古今、承载着山河岁月的"所见之中国"屹立而不倒。著名历史学家傅斯年曾说，以《国语》《左传》《论语》《老子》等著作为代表的春秋战国间的文明，"只能生在一个长久发达的文化之后，周密繁丰的人文之中"。[2]现代中国历史发展中的"江南"也和这个道理相通，"江南"走向现代化的道路紧密联系于它"长久发达""周密繁丰"的人文环境。在江南人文环境的不断滋养下，经久绵延的中华优秀传统文化展现出旺盛生命力，从而能持续发挥对"江南"现代化道路的影响。这主要和以下三个原因有关。

第一，自魏、晋时代开始，中国的经济、文化中心和

---

[1] 这里的思考颇得益于罗志田教授的评论，特此致谢。
[2] 傅斯年：《战国子家叙论》(1928 年)，载欧阳哲生主编：《傅斯年全集》第 2 卷，湖南教育出版社 2003 年版，第 264—265 页。

重心南移。到明清时代，江南不但是中国的经济龙头，江南人民也在漫长的中心、重心南移过程中建立起了充分的"文化自信"。"文化自信"建立在江南读书人优异的科举考试表现之上。在这一区域涌现出大量的状元世家、进士家族。祖孙状元、叔侄状元、翁婿状元，父子三鼎甲、兄弟三鼎甲，父子榜眼、父子探花的现象层出不穷。如苏州吴县归家，在唐代中晚期，甚至出现"五子登科""祖孙、父子、兄弟六状元"的情况，被称为"天下状元第一家"。此外更有数量如过江之鲫的举人、秀才。这是古代江南和中国其他区域相比一个极大的特色。

"文化自信"也表现在江南读书人对其学术追求、生活方式和文化生产不断地精心经营和严苛坚持之上。他们的经营和坚持经常具有全国性示范效应。清朝前期诸位皇帝对于江南文化的执着模仿和他们对江南读书人既防备又艳羡的情结就充分说明了这一点。

第二，充分的"文化自信"落实在江南人民的具体生活世界则演化为弥漫社会的诸多良好风气，如在这一地区人们极其看重文教，注重家族与个体的持续互哺，地方社会以读书人为楷模和主导，等等。

在传统时代，江南地区的读书人都有着对前程无限的憧憬，都相信日后成为名流或成为达官的途径是寒窗苦读。因此"吃得苦中苦，方为人上人"，"天子重英豪，文章教尔曹。万般皆下品，惟有读书高"，"别人怀宝剑，我有笔如刀"这些关于文教的警语都沉淀在他们的向学之途。以致日后处于现代化进程中的江南知识分子也仍然会充分肯定背古书的好处，认为"一个人到了成年时，常常可以从背得的古书里找到立身处事的指南针"，"我国的老式教学方法似乎已足以应付当时的实际需要"。[1]

诸多弥漫江南社会的良好风气影响深远，历久弥深。在好风气的熏染下，江南人民虽然经历着列强冲击之殇、社会转型之痛，却依然有着亲历一个温情脉脉的"饱含民族生力"之中国的可能性。以日后的北大校长蒋梦麟为例。在清末，蒋梦麟的家乡——浙江余姚蒋村和江南其他村庄一样，"几百年的和平与安宁（已）被破坏"。他在举家搬到上海之后，面对着继续走读书之途，还是改走经商之路的抉择。蒋梦麟承认他选择继续求学是因为这种选择与一个人思想中所已灌输进去的观念和理想有关。他的基本认知是"学问重于一切"，"学问本身在中国普遍受人敬重"。这些根深蒂固的"观念和理想"，使得他决定继续努力向学。[2]

再以著名历史学家钱穆为例。在他的回忆录里，钱穆看到了一个"历史文化行将转变之大时代"，但在这"大时

---

[1] 蒋梦麟：《西潮·新潮》，岳麓书社 2000 年版，第 31、32 页。
[2] 蒋梦麟：《西潮·新潮》，岳麓书社 2000 年版，第 45—47 页。

代"中，钱穆仍然认为他就读的果育学校，虽然只在江南的小市镇上（无锡荡口镇），距离县城远达40里，但教学质量依然很高。学校能够网罗到诸多良师，于旧学有深厚基础，于新学亦能接受融会。更让钱穆感慨的是市镇上的江南人民对这些教师备加礼敬，"全镇人莫不然"。钱穆就提到其中一位教师在苏州城内一个中学兼课，每周往返城镇。当他所乘的归舟驶过全镇时，镇中人民沿岸观视，"俨如神仙之自天而降"。[1]

与江南地区相比，中国其他地区的读书人数量本就没有那么多。他们放眼周遭，经常看到的是所处地区的经济不振，文教凋敝和家族衰落。他们自己也迅速在此过程中被当地百姓视作"刁绅劣衿"，低落了以往他们作为"社会重心"的形象。

于是他们在中西角力中往往会渐渐拜倒于西方所谓"文明"之下，丧失了文化自信，不再相信中华民族本身的生力。在他们的脑海中渐渐形成了另一个想象中的"所闻之中国"。对于这个"中国"他们的形容词是愚、穷、弱、私。数千年历史文化对于他们来说只是旧调、而非新曲，只是桎梏、而非动力，只是包袱、而非财富。像出生在海南文昌县的陈序经，当地"下南洋"的人最多。这些

---

[1]　钱穆：《八十忆双亲　师友杂忆》，生活·读书·新知三联书店2005年版，第53—54页。

人下南洋多因为谋生不易、生活穷苦，被逼无奈才走上这条路。[1]正是在这样的出身背景下，经过在新加坡、沪上租界和欧美的求学，陈序经鼓吹起了"全盘西化"，提出"西洋文化比之中国固有的文化为优，不但只有历史的证明，就从文化的各方面来看西洋文化也比我们的固有文化优得多"，"无论我们喜欢不喜欢，西洋文化是现在世界的趋势"，因此中国目前的急需是"格外努力去采纳西洋的文化，诚心诚意地全盘接受她"。[2]

第三，在江南人民保有"文化自信"的前提下，他们处于中国与世界接触的前沿阵地。在与世界接触的过程中他们并不拒斥变革、也不抵制新潮，只是在他们的认知和实践中这种变革应是一种"有我之变"，而不是"无我之变"。出身无锡的钱基博即说他能够接受多方面的思想，不抗拒任何一面。但有一点坚持，就是不放弃自己是一个中国人的立场。纵观钱基博的一生，可以说是伴着当前的环境，跟着时代的演变来开拓自己的知识，但他强调"我先天是中国人，我有我深根固柢的民族文化素养。一切新事物，我有我中国人的看法"。[3]

同时能被江南人民接受的新潮是一种既有利于中国又

---

[1]　陈序经：《珠崖篇》，长征出版社 2007 年版，第 76、78 页。

[2]　田彤编：《中国近代思想家文库·陈序经卷》，中国人民大学出版社 2014 年版，第 87、81 页。

[3]　钱基博著、文明国编：《钱基博自述》，安徽文艺出版社 2013 年版，第 11、14 页。

有益于世界的新潮。因此江南人民常能将新物、新事、新知化盐于水，融汇无声，同时也能将中西各种元素水乳交融。白话文、数理知识、声光化电乃至形形色色的各种主义都从清末开始就在江南地区生发、萌芽，成为中国现代化道路在江南延伸，继而扩展全国的坚实基础和丰富背景。

具体到本书的主题——社会主义在江南的历史。我们会发现一方面各种社会主义当然很大一部分在源头上是外来的，但另一方面各种社会主义尤其是马克思主义若不经过中国化时代化，它就始终只是西学的一种而已。只有经过中国化时代化，它们才能真正在中国落地扎根。钱基博就指出社会主义"须看作民族文化之复活"，而后"社会主义乃在中国深根不拔"。[1] 而江南则是一片特别适合各种社会主义尤其是马克思主义在中国落地扎根的土壤，这是因为：

在中国传统儒学理念里，社会理想就是追求一个公道的、大同的社会。这样的社会理想绵延在中国几千年文明发展之中，是中国人熟识的思想中介，沟通了中国人与社会主义之间的联系，为更多中国人知道、了解、接受社会主义提供了可能。因此，在中国走向现代，江南走向现代的过程中，中国人走向革命实践的原初动力之一，便是实现中国人古老但又弥新的社会理想。这一点在江南人民身上体现得尤为明显。

---

[1]　钱基博著、文明国编：《钱基博自述》，安徽文艺出版社 2013 年版，第 14 页。

如瞿秋白就曾在母亲自杀后对友人言,当今诸多社会问题的核心是贫富不均。从唐朝的黄巢起义到洪秀全的太平天国运动,他们做的都是"铲不均"。孙中山先生强调"天下为公",也是为了平不均,可见改革社会,必须从"均"字着手。[1]

瞿秋白的话明显可以说明他受到孙中山民生主义的大影响,[2]但亦可说明瞿秋白、孙中山都同在中国人古老社会理想的笼罩之下。大概同一时期,江苏松江有一位乡镇上的读书人叫朱怀天,他读了谭嗣同的《仁学》后产生了非常大的共鸣,其中一个共鸣点在认为《仁学》能"得大同之理"。而当朱怀天以"大同之理"对照现实,他发现"斯民之憔悴疾苦久矣"![3]就这样,《仁学》等书催动朱氏的"求大同之思想","求大同之思想"经由舆论传播,通过政治变动转向实际行动。五四运动上海罢市时,朱怀天随学校师生结队赴乡村演讲,"热血喷进,声泪俱下"![4]

到 1945 年,出身苏州黎里的柳亚子回顾 20 世纪初期的革命往事时仍强调,"我虽然反对儒家,而思想上所受儒

---

[1] 羊牧之:《我所知道的瞿秋白》,载中共上海市委党史研究室编:《上海党史资料汇编》第 5 编,上海书店出版社 2018 年版,第 13 页。

[2] 孙中山即曾言:"欧美今日之不平均,他时必有大冲突,以趋剂于平均,可断言也。然则今日吾国言改革,何故不为贫富不均计,而留此一重罪业,以待他日更衍惨境乎? 此固仁者所不忍出也。"参见《孙中山全集》第 1 卷,中华书局 1981 年版,第 228 页。

[3] 《朱怀天日记》(1918 年 7 月)、《广宥言序》,载钱穆编:《松江朱怀天先生遗稿》,无锡县立第四高等小学校校友会 1921 年印行,第 8、1 页。

[4] 钱穆:《八十忆双亲 师友杂忆》,生活·读书·新知三联书店 2005 年版,第 96 页。

家的影响，却还是十分广泛的"。而所谓儒家对柳亚子的影响正集中在"礼运大同，公平三世的一番议论"，因此，柳亚子指出，他信仰进化论和共产主义，与其说渊源于达尔文和马克思，还不如说是"渊源于《公平》《礼运》"。[1]

综合以上讨论，本书讲的"文明重焕"就是希望立足中华文明大历史来讲现代中国的历史，继而在现代中国的历史中讲古今江南的互通与互动，讲现代江南的发生与发展。因此，现代中国历史与其"前史"的关系、现代中国历史的世界比较以及现代中国历史在整个中华文明史的定位等，都需要重新去认真思考，仔细厘清。[2]

从现代中国历史与其"前史"的关系来说，两者已不宜简单地截然两分，视前者属于"现代"，后者属于"中世纪"。这种过于线性、过于强调断裂的史观看似机械地符合了社会发展阶段论，但更可能因"古今"位置的固化而既扭曲了古代中国的历史，同时也看不清现代中国历史的真正走向（同时也看不清西方现代历史的走向，比如看

---

[1] 柳亚子：《儒家思想对我的影响》，载郭长海、金菊贞编：《柳亚子文集补编》，社会科学文献出版社2004年版，第270页。

[2] 如范文澜就曾针对中国近代思想史的研究提出，"要了解洪秀全、康有为、严复和孙中山以及比他们较次的龚自珍、谭嗣同、梁启超、章炳麟等人的思想，困难更多，不先了解孔子以来的全部思想史，几乎将无从入手"；又针对历史的世界比较说，"研究中国近代史，仅仅了解中国古代史还不够的，还必须了解近代世界史"。参见范文澜：《关于中国历史上的一些问题》，载《范文澜全集》第10卷，河北教育出版社2002年版，第269页。

不清英美最擅长的就是将自己的利益伪装成正义[1]）。著名马克思主义史学家黎澍就指出："西方侵略者在中国横冲直撞一百年之久，始终没有能够使中国沦为他们直接统治的殖民地，到底也还是因为我们民族是有伟大革命传统和优秀文化遗产的民族，能够很快地领会世界最先进的文化成果。"[2]

从现代中国历史的世界比较来说，研究者仍需要进一步扭转几十年来无论在心态上，还是实际研究中都过于看重帝国主义列强的局面，[3]转而重拾曾几何时我们曾认真研究过的亚非拉第三世界国家的历史，尤其是他们的被殖民经验和反殖民经验。他们被殖民和反殖民的历史研究得越清楚，对于讲清我们自己的"半殖民地"经验和抗争的历史就越有帮助。若无这一参照，一般就只能用马克思的宗主国"双重使命说"来解释殖民历史[4]，而这一解释的效力和深度目前颇让人生疑。

从现代中国历史在整个中华文明大历史的定位来说，

---

[1] 程巍：《文学的政治底稿：英美文学史论集》，复旦大学出版社 2014 年版，第 177 页。

[2] 黎澍：《马克思主义与中国革命》，人民出版社 1963 年版，第 8—9 页。

[3] 王国斌就指出："即便有人认为中国财政措施的一些特点比欧洲或美国方面还更有效，我们仍能轻易找出很好的理由指出中国式措施不适用于美国或欧洲的民主环境。然而与此相称的议题是：中国环境何以应该安然接纳西方的措施？大多数学者似乎对这一提问颇不以为意，因为这简直被视为理所当然。"参见〔美〕王国斌：《鉴往知来：中国与全球历史变迁的模式与社会理论》，李立凡译，台湾交通大学出版社 2019 年版，第 76—77 页。

[4] 马克思：《不列颠在印度统治的未来结果》（1853 年 7 月 22 日），载中共中央马克思恩格斯列宁斯大林著作编译局编译：《马克思恩格斯全集》第 9 卷，人民出版社 1961 年版，第 247 页。

大概要明确传统是不死的，"陈旧的东西总是力图在新生的形式中得到恢复和巩固"。[1]我们需要努力在更长的历史时段和更宏大的历史视野中考察现代中国历史，以使得近200年的历史获得更厚重的背景和更长远的思考。中华文明不仅能在现实中被借鉴和吸收，更能为中国和世界提供建构未来政治和社会图景的资源。

---

[1]《马克思致弗·波尔特》(1871年11月23日)，载中共中央马克思恩格斯列宁斯大林著作编译局编译:《马克思恩格斯选集》第4卷，人民出版社1995年版，第602页。

第一章

主义来了——清末民初江南的社会主义『初传』

清末民初社会主义开始传入中国。此时的中国，民族资本主义刚得到一点微弱的发展，无产阶级还没有作为一种独立的政治力量走上历史舞台，无产阶级同资产阶级的对立发展得还远不成熟。所以对照马克思、恩格斯的原典，这一时期在中国大地上传播的社会主义只能说是"初传"。但社会主义"初传"在中国各个地区的基本条件、思想环境、传播渠道、所获效果却大有不同，在有些地区社会主义的传播是毫无声息的，在有些地区是浮光掠影、浅尝辄止的，在有些地区则表现得较为广泛而热烈。江南正是社会主义在中国"初传"的广泛而热烈之地。

一、江南社会主义"初传"的基本条件

江南社会主义的"初传"之所以能较为广泛而热烈，首先和在这一地区影响社会主义传播的几个基本条件有关，

主要有以下四种条件。

第一种条件是江南交通环境的固有优势和其在清末民初的快速发展。从江南交通环境的固有优势说，江南地区水系发达、滨江沿海、水网密布。其中光人工河道到20世纪初总长度就已到5万多公里，构成了前蒸汽动力时代最便捷的交通基础。这些水路网连通内河、联系长江、通往海洋，同清末民初江南地区兴建的铁路网、公路网、邮政网和电报网一起，构建了江南走向现代过程中立体化、多维度的物品、信息流通系统。

从江南交通的快速发展说，清末民初江南的交通、通信设施建设领先于全国。新式轮船往来于长江之上，运行于上海与全国各商埠之间；铁路线贯通其中并与全国各地相连接，有"沪宁铁路（长193英里）、津浦铁路（全长626英里）、淞沪铁路（长10英里）、沪杭铁路（全长160英里）"等；江南各地邮政组织的工作效率更是达到了当时全国邮政业务的最高水平。[1]这些都为社会主义的传播提供了一个区域内乃至跨区域的便捷的交通条件。

第二种条件是江南人民的教育普及程度和平均文化水准较高。江南地区因中国历史上经济重心的逐步南移，而有相对较高的经济发展水平。而相对较高的经济发展水平

---

[1] 中华续行委办会调查特委会编：《1901—1920年中国基督教调查资料》上卷，蔡咏春等译，中国社会科学出版社1987年版，第361页。

带来的是当地文化的不断繁盛。至明清时代，文化的繁盛让江南地区出现了数量庞大的、具备识文断字能力的人群，这是一个地方能接触和认知社会主义的前提。经济史学者李伯重就认为，"如果把识字作为大众教育的主要内容的话，那么明清江南大众教育普及程度之高，就可能大大出乎一般的想象"。他认为，19世纪后期江南男女的平均识字率接近30%，大大超过了当时中国不到20%的平均识字率。[1]若比较各地区以识字率为表征的平均文化水准，江南人民的文化程度显然在全国处于领先地位。[2]这样的文化程度为一种新思想的到来和传播提供了可能性。

第三种条件是江南在近代中西接触碰撞下形成的时代环境。明末清初，江南的士大夫已与外国传教士频繁接触。清末民初江南人民与世界的联系互动更加紧密。上海开埠之后，江南成为中国与帝国主义列强碰撞的前沿之一。然后就是"西洋潮流却不肯限于几个通商口岸里。这潮流（率）先冲激着附近的地区"。[3]于是外来事物、思想从江南涌入中国，时代环境为之一变。就外来事物的进入和传播的主体而言，外国传教士、外国商人、西人知识分子、清廷官员、维新派人士、革命党、趋新读书人、中国商人等均是链条上的

---

[1] 李伯重：《八股之外：明清江南的教育及其对经济的影响》，《清史研究》2004年第1期。

[2] 如19世纪晚期云南、贵州两省的识字率仅为5%到6%。参见张朋园：《知识分子与近代中国的现代化》，百花洲文艺出版社2002年版，第203、215、221页。

[3] 蒋梦麟：《西潮·新潮》，岳麓书社2000年版，第17页。

一个个环节；形形色色的书局、报刊社、学会、新式学校等则成为外来事物、思想进入、传播的重要场所。蒋梦麟就曾述及清末浙江高等学堂里的情形：他们这些学生一方面整天为代数学、物理学、动物学和历史学等功课忙碌，但在课余之暇，又如饥似渴地阅读革命书刊，并与同学讨论当时的政治问题，"静定的，雾样迷濛的中世纪生活，似乎在一夜之间就转变为汹涌的革命时代的漩涡"。[1]在这"汹涌的革命时代"里，正包含着各种社会主义。

第四种条件是上海都市的兴起和其对江南的强大影响。清末民初江南地区的中心城市由古老的苏州变为新兴的上海。江南地区的政治、经济、文化开始持续受到区域中心城市上海的辐射。

上海通过高度发达的报刊业、出版业、教育业持续向江南发挥影响。自 19 世纪 70 年代起，上海书报在江南各地广泛流通；大量江南人士来上海求学，又回到家乡传播其所学。在此过程中，这些知识分子渐渐养成了阅读新书报、追踪新思潮的习惯，已经同吃饭、睡觉一般"须臾不可离"。这样的习惯集中地表现在江南知识分子探索出的一套阅读新书报的方法。比如他们读报时会首先注重专电和社论，然后再看本埠新闻、地方新闻，也会关注报纸的各种附张。无论是读报纸还是刊物，他们会把其中的重要文字和紧要记载剪

---

[1]　蒋梦麟：《西潮·新潮》，岳麓书社 2000 年版，第 63 页。

下，粘入空白大册中，以分类汇存，便于日后查考。他们读书报也都会用小册子做笔记，以备将来研究或演讲时参考。正是有了持续的习惯和清晰的方法，清末民初，各种社会主义方能在江南开始传播，并连绵不绝地传播。[1]

二、社会主义"初传"与清末民初的思想转型

清末民初各种社会主义传入中国后，表现形态往往是一些言辞、一种学说和一套思想。它们要能在中国真正地传播起来，既需要对中华优秀传统文化的继承和呼应（详见绪论），也需要另一些已不适合现代中国发展的固有思想的转型，以铺垫出适合社会主义传播的土壤。清末民初国家观念、世界观念的变化正是能铺垫出适合社会主义传播土壤的关键性转型。我们先来看国家观念的变化。

明清时代中国人的国家思想是和朝廷、皇帝紧密结合在一起的。到清末，新的国家思想渐渐占据了主流位置。这套新的国家思想，其基本特点是强调"主权在民"，强调"国家至上"。[2]它打破了原来皇帝、朝廷与国家的三位一体，

---

[1]　比如 1926 年中国共产党对组织发展情况的调查中就提到江浙区十九处有地委、独立支部等党组织的地方都在"江浙皖铁路经过及附近之处"，中央档案馆、浙江省档案馆编：《浙江革命历史文件汇集（省委文件）》(1926 年、1927 年)，内部资料 1986 年印，第 6 页。

[2]　[美] 沙培德（Peter Zarrow）：《清末的国家观：君权、民权与正当性》，载许纪霖、宋宏编：《现代中国思想的核心观念》，上海人民出版社 2011 年版，第 367—388 页。

降低直至消解了皇权的至高无上的位置，将一个"现代国家"抽象了出来，成为新的至高的存在。梁启超在他所写的《新民说》中就专辟一节论述国家思想。他把国家比作"公司""村市"；朝廷则是"公司之司务所""村市之会馆"；皇帝、官员就此成了"总办""值理"，因此：

> 故有国家思想者，亦常爱朝廷。而爱朝廷者未必皆有国家思想。朝廷由正式成立者，则朝廷为国家之代表，爱朝廷即所以爱国家也。朝廷不以正式而成立者，则朝廷为国家之蟊贼，正朝廷乃所以爱国家也。[1]

梁启超将"朝廷"与"国家"分离的论述在当时可谓惊世骇俗，同时也影响甚大。在湖南，读完梁启超的相关文字，毛泽东评论说：

> 不以正式而成立者，专制之国家也，法令由君主所制定，君主非人民所心悦诚服者。前者，如现今之英日诸国；后者，如中国数千年来盗窃得国之列朝也。[2]

---

[1] 中国之新民（梁启超）：《新民说》四，《新民丛报》第 4 号，光绪二十八年二月十五日。

[2] 转引自李锐：《恰同学少年——毛泽东早年读书生活》，万卷出版公司 2007 年版，第 56 页。

　　梁启超等人倡导的思想转换充分落实在当时流行于江南地区的各种读本、小册子里。在这些读本、小册子里不仅新的"国家"呼之欲出，新的"民众"也开始亮相，成为新的"国家"的政治主体。由此国家与民众在江南人民的思想里产生了和以往不一样的联系。

　　在封建国家中，国家与民众是君臣关系或君民关系。而到清末民初，"民众"则被赋予了"国民"这一重要称谓。一种著名的小册子《国民必读》里就说：

　　　　如今我中国的民人有个最不好的习惯，就是遇着国家有事，说这是国家的事，不与我相干。此等话最糊涂。试问民人是何国的民人？国家是何人的国家？若国家的事与民人无干，如何能够唤作国民呢？需要知道国民二字原是说民人与国家，不能分成两个。国家的名誉就是民人的名誉，国家的荣辱就是民人的荣辱，国家的厉害就是民人的利害，国家的存亡就是民人的存亡。国家就好比一池水，民人就是水中的鱼。水若干了，鱼如何能够独活。国家又好比一棵树，民人就是树上的枝干，树若枯了，枝干如何能够久存？[1]

---

[1]　陈宝泉、高步瀛编：《国民必读》第 1 编，南洋官书局 1905 年版，第一课"说国家与国民的关系"，第 1 页。

到 1911 年辛亥革命之后，因为中国人摆脱了皇权的束缚，在江南地区传播的读本、小册子中讲现代国家、现代国民的内容就更多了起来，如一套叫《共和浅说》的小册子里就这样解释何为"民国"，其中明显可以看到从清末到民初，虽然政权更迭，但国家观念的变化却在递传承接，其中说道：

> 共和国家由人民组织而成，所以叫做民国。共和国家的人民都是国家一份子，所以叫做国民。可见人民与国家是万万不能分开的。国家譬如一棵树，人民就是此树的根株枝叶。若无根株枝叶，哪里有此树。若树已枯槁了，就是有根株枝叶，也不能独存。所以国家与人民关系的非常密切，国家一切的事就是国民的事。[1]

国家观念的变化让中国人有了与民族、国家的充分连接感。这些都为社会主义在中国的传播确立了前提条件。在国家观念变化之外，还有一套中国固有观念也在清末民初发生着重大变化，那就是世界观念。

中国人世界观念的固有基础是中国古老的"天下"观念。中国的现代发展从思想上说一方面是一个从"天下"

---

[1] 高步瀛编：《共和浅说》上编，直隶官书局 1912 年版，第二讲"说共和国民与国家的关系"。

观念转化到国家观念的过程，另一方面也是一个从"天下"观念转化到世界观念的过程。[1]从当时流行于江南地区的读物来看，其中不少内容即表现出从"天下"观念向世界观念转换的痕迹。如商务印书馆出版的《共和国民读本》在谈到"邮政"时就说：

> 往时通信或遣专使，或凭信局，从无国家为之经营者。至邮政既兴，其所及之地既广，传达亦较为妥捷，于是人民心志大通，知识亦因之大进，且不徒偏于己国也。又合万国同盟为之整齐而画一之。一纸音书可以周行世界。[2]

"合万国整齐而画一之"包含着中国人怀着"天下一家"的古老理想跳入现代世界流中去的愿望，也淡化了固有的天下观念以中华本土为唯一世界中心，以蛮夷、华夏为人群分界的传统观念。这使得清末民初中国人世界观念的转型表现出既有利于社会主义传播，但又需要社会主义思想来对其作矫正的发展理路。

从世界观念转型有利于社会主义传播来说，新的世界

---

[1]　罗志田：《天下与世界：清末士人关于人类社会认知的转变》《理想与现实：清季民初世界主义与民族主义的关联互动》，均载罗志田：《近代读书人的思想世界与治学取向》，北京大学出版社 2009 年版，第 1—54、55—103 页。

[2]　《共和国民新读本》（二），商务印书馆 1912 年版，第十七课"邮政及电信电话"，第 17 页。

观念让当时的中国人对全世界会共同走向更高级的社会产生了明确的、坚定的向往。清末民初的不少中国人相信一套无须经过证明即有其正当性的准则，他们称之为公理与公例。他们认为只要遵从公理、公例，文明就可以持续发展。既然公理、公例是对全世界都适用的，全世界共同走向更高的文明就是可能的，且是可追求的。

在这些公理、公例中，进化论无疑是最显眼、最突出的一个。进化论在清末民初曾像野火一样烧过千万人的心。从饱读诗书的士大夫到年轻一代的知识人。他们原来信奉的是治乱交替、"分久必合，合久必分"的历史循环论和"复三代之盛"的历史退化论，但在这个时候都迅速让位于从生物达尔文主义推演而出的社会达尔文主义（简言之"社会进化"），而且几乎没有任何的思想困难和情感障碍。

讲社会进化自然要区分社会形态的低级阶段和社会形态的高级阶段。这使得当时中国人在公理、公例的意义上，相信社会主义社会在进化序列上高于资本主义社会，社会主义文明优于资本主义文明，是全世界、全人类更值得去追求的文明。就这样社会主义依凭进化论让历史、现实和未来连接了起来。陈独秀即指出"共和政治为少数资本阶级所把持，无论那国都是一样，要用他来造成多数幸福，简直是妄想……社会主义要起来代替共和政治，也和当年共和政治起来代替封建制度一样，按诸新陈代谢底公例，都是不可逃的运命"。[1]正是在社会进化是公例、是"不可逃的运命"的意义上，社会主义在中国的传播从一开始就已获得相当充分的合理性与比较广阔的空间。

从世界观念转型需要社会主义思想来作矫正说，当时中国人的世界观念转型又不可避免地受到帝国主义列强的影响，其中影响很大的一种思路就是文明的等级论。在文明等级论里，帝国主义列强是世界上富强国家的代表和文明国家的标杆。这种想象和迷信也大量出现在当时流行于江南地区的读物中。

比如《中华共和国民读本》就有六课的篇幅来讲法国的情况、美国的表现、法美政治之异同、美国各州之组织等。这一篇幅的量占到了《中华共和国民读本》上册的五分之一。商务印书馆出版的《共和国民读本》的广告页上则赫然有《法美宪法正文》《世界共和国政要》《美国共和政鉴》等书来将其作为新建民国的效仿对象与指路明灯。又有一篇题为《十九世纪之文明记》的文章则可能是一个清末民初之人迷信所谓"西方文明"的典型例证：

> 欧洲各国进步速率必较他国易达，其脑筋转换实有特别之灵动在也。

---

[1]　陈独秀：《国庆纪念底价值》（1920 年 11 月 11 日），载《陈独秀文集》第 2 卷，人民出版社 2013 年版，第 57 页。

不然，同一文学耳，十九世纪何以有法人嚣俄（雨果）、英人丹尼孙（丁尼生）及氏庚（狄更斯）、德人哥的（歌德）耶？

同一史学耳，十九世纪何以有德人兰陔（兰克）、英人弗里孟（弗里曼）耶？

同一哲学耳，十九世纪何以有德人康德及非希的（费希特）、黑智尔（黑格尔）、秀彭化（叔本华）、英人斯宾塞耶？

同一科学耳，十九世纪何以有德人麦耶（迈尔）之势力不灭论、英人达尔文之进化论耶？

嘻，文明至此可谓达于极点矣。而孰知器械之新发明者有福尔顿（富尔顿）之汽船焉，有斯梯芬（史蒂芬森）之汽车焉，有沙米林（摩尔斯）及高斯之电信焉。其余自显微镜、望远镜、写真术外，概电话、电灯、电车、无线电信、炮火、军舰诸术，更能出奇制胜以竞争于一时。[1]

以上例子都说明在清末民初中国人的世界观念转型中，对先进的社会主义文明的向往和对帝国主义列强代表文明发展方向的迷信是绞缠在一起的。这决定了当时在江南的

---

[1] 《十九世纪之文明记》，载费有容编：《共和论说进阶》第 4 册，上海神州图书局 1912 年版。

社会主义传播具备了启动的思想基础，但也有待于社会主义传播的推进来矫正这思想基础中的部分谬见。

三、江南社会主义"初传"的渠道和效果

在前述各项条件的支持和思想转型的推动下，清末民初江南地区初步形成了一些传播社会主义的渠道。在这些渠道中，众多出版机构在江南设立的那些分支网点，为社会主义的传播提供了稳固载体。以梁启超主持的《新民丛报》为例，它在江南各地的正式代派处有 31 家之多。在正式代派处以外，遍布江南各地的笔墨店、纸号、杂货店、药铺、煤号、木行等也会代售《新民丛报》。经由这些网点，刊发于《新民丛报》，涉及社会主义概念、思想、人物的文章能从东京、上海扩散至江南各处。[1]该报发表的《干涉与放任》《进化论革命者颉德之学说》《中国之社会主义》《二十世纪之巨灵托辣斯》《社会主义者之派别》《开明专制论》《社会主义论》等关于社会主义的文章，在江南传播尤广，"清廷虽严禁，不能遏也"。[2]

除了出版机构设立的网点，由江南人士在当地创办的书店、书庄，在社会主义从江南的各个城市传往乡镇的

---

[1] 张朋园：《梁启超与清季革命》，吉林出版集团有限责任公司 2007 年版，第 198 页。

[2] 钱基博：《现代中国文学史》，傅道彬点校，中国人民大学出版社 2007 年版，第 342 页。

过程中发挥了中转站作用。清末苏州文人包天笑与朋友们在苏州城里设立的东来书庄就是个例子。在包天笑他们看来苏州作为当时的省城，交通发达、人文荟萃。苏州下辖的许多乡镇，其文化发展水平也并不输于城市。而苏州周围的常熟、吴江、昆山等地，也都文风极盛。因此他们需要在苏州城内办一个书庄以满足他们的需要。经过一段时间的发展，在前述的那些地方，新式知识分子都知道苏州有个东来书庄，纷纷来买书、订杂志。因为他们觉得在这里买书、订杂志，距离近、花费少，可以不必再到上海去了。[1]

除了出版机构的分支网点、江南人士在当地创办的书店、书庄，清末民初在江南地区初步形成的一些政治组织，也对社会主义的传播发挥了推动作用。蔡元培曾说，清末民初中国社会主义输入的路径有两条，一是"留日学生从日本间接输入的"，二是"留法学生从法国直接输入的"。[2]这是很扼要又很正确的论断。

不过蔡元培略而未谈的是以上两条输入路径都需要与当时中国一个区域内已初步形成的一些政治组织相结合，这一区域内的社会主义传播才会形成较大声势。当时，江南这种政治组织的典型代表是中国社会党。

---

[1] 包天笑:《钏影楼回忆录》，山西古籍出版社、山西教育出版社1999年版，第207页。

[2] 蔡元培:《社会主义史序》，《新青年》第8卷第1号，1920年9月1日。

中国社会党由江亢虎等人组织，1911 年 11 月 5 日成立于上海张园。它兴盛时有支部 400 余个、党员 50 余万人，在民国初年曾"大轰了一阵"。[1]这个政治组织的活动中心在上海，在苏州、杭州、嘉兴、绍兴等江南各处活动频繁。中国社会党总部和各地方分部主导的报刊目前了解的有《社会》《社会世界》《社会星》《社会日报》《社会党月刊》《新世界》《人道》《人道周报》《女权》等。只要关注一下这些报刊的名称，就能发现它们与社会主义传播之间的关联。在中国社会党人的推动下，这些报刊大多有不错的销量，如中国社会党嘉兴部主编的《人道》，每期能出"四千纸"，持续 20 多期。[2]

更重要的是，有一个政治组织会使得其旗下的报刊不是单打独斗，而是能互相呼应，进而产生规模效应。报刊中的社会主义言论也就不再是零散传播，而是相对集中地传播。

如《社会星》杂志希望能达成四个目标，其中一个目标就是"交通现世社会主义之言论"。[3]如果说"交通现世社会主义之言论"的目标还较为宽泛，那么中国社会党绍兴部主办的《新世界》，则已在具体介绍马克思、恩格斯的科学社会主义学说。如发表其上的《社会主义大家马儿克之学说》一文指出，"今日社会主义学说之磅礴郁积，社会

---

[1] 蓝公武：《社会主义与中国》，《改造》第 3 卷第 6 号，1921 年 2 月 15 日。

[2] 江亢虎：《〈人道〉杂志发刊祝词》（1912 年 10 月），载汪佩伟编：《中国近代思想家文库·江亢虎卷》，中国人民大学出版社 2015 年版，第 156 页。

[3] 《本杂志广告一》，《社会星》第 1 期，1911 年 7 月。

党之势力澎湃弥蔓，能使全世界大多数之人类均栖息于是旗帜之下，又使自有历史以来之富家豪族重足而立，侧目而视，致此者谁乎？德之马儿克也"；并认为《共产党宣言》的问世"不啻二十世纪社会革命之引导线，大同太平新世界之原动力也"。[1] 该刊还曾连载过余姚人士施仁荣译述恩格斯《社会主义从空想到科学的发展》的部分内容。[2]

以上诸种因素让社会主义乃至马克思主义在江南的传播有了一些渠道。那么通过这些渠道，社会主义传播的效果如何呢？我们先来看清末的情况。

据笔者考查，在1903年前后，一部分江南人民对宽泛的社会主义已显示出相当程度的认同。比如1904年，在苏州吴江，已有知识分子在"迷信杜威之魔力，思借其教以广播社会主义"。[3] 到1911年，江苏武进的蒋维乔则在中国社会党本部听到过蔡元培作关于社会主义的演讲。在蒋维乔看来蔡元培所谈的社会主义解释了世界及人类之由来，并且能够推其原本至理想极乐世界，这令蒋氏觉得大开眼界。[4]

到民初，江南人民讲社会主义的力度和声势进一步扩

---

[1] 势伸、甍尘：《社会主义大家马儿克之学说》，《新世界》第2期，1912年6月2日。

[2] 《理想社会主义与实行社会主义》，施仁荣译述，《新世界》第1期，1912年5月19日；第3期，1912年6月16日；第5期，1912年7月14日；第6期，1912年7月28日；第8期，1912年8月25日。

[3] 《冯竟任致柳亚子》（1904年10月23日），载上海图书馆编：《上海图书馆藏稀见辛亥革命文献·续编》第1册，上海科学技术文献出版社2011年版，第19页。

[4] 《蒋维乔日记（1896—1914）》，辛亥十月十三日，汪家熔校注，商务印书馆2019年版，第483页。

大。日后著名的文学家叶圣陶就在日记里记载：1912 年 1 月 14 日，他和顾颉刚等出席在苏州留园举行的中国社会党苏州部成立大会，江亢虎到会作了长达四个小时的演讲，听众有六七百人。江氏的演讲内容谈及社会主义之起源、进行之方法和各国社会党的状况，并特别强调"吾国之适合于社会主义"。叶圣陶和顾颉刚听完后都认为，江亢虎的语言详括简要、条理明晰，"不愧为此主义（社会主义）先觉者"；他的演说才能也"至可钦佩"。到 1912 年 1 月 21 日，叶圣陶和顾颉刚又参加了中国社会党苏州部的谈话会，听到了陈翼龙等人关于社会主义的谈话。[1]

在以上关于社会主义的演讲、谈话的影响下，叶圣陶、顾颉刚等江南青年都开始倾向于社会主义。顾颉刚就曾说："社会主义我深赞成！"[2] 而且他不仅"赞成"，还积极地宣传社会主义，一天到晚去做宣传工作。这样的行动引发了顾颉刚家中长辈对他的责斥和身边朋友对他的非笑。但是他全然不管，只觉得"世界大同的日子是近了"。[3]

另有一些江南知识分子开始把古今中外的各种人物、事件与社会主义相联系，比如他们会直接把谭嗣同称作"东方社会主义之先觉"，认为谭嗣同所著的《仁学》是在讲社会主义。在此认知下，他们用世界语来写作谭嗣同的

[1]　参见《叶圣陶日记》(1912 年 1 月 14、21 日)，《新文学史料》1983 年第 2 期。
[2]　《叶圣陶日记》(1912 年 1 月 18 日)，《新文学史料》1983 年第 2 期。
[3]　颉刚：《十四年前的印象》，《京报副刊》第 294 号，1925 年 10 月 10 日。

生平，叙述他的思想。[1] 而到 1918 年，在无锡乡间的学校里，年轻的钱穆与友人在教书之余围绕着一本由吴在[2]编写，讲"三无主义"（即无国家、无家庭、无宗教）的小册子《宥言》展开了激烈争论，直至晚年他写回忆录时，仍对此次争论念念不忘，执着认定此事证明了"时中国共产主义尚未大兴，而余两人则早已辩论及之矣"。[3]

其实据笔者考证，这本小册子和共产主义没有任何关系，钱穆的回忆明显出了错。但是钱穆回忆里的"错误"恰恰值得重视，它在一定程度上反映了在清末民初的江南探索社会主义乃至马克思主义的风气已经形成，且影响范围到达了江南的各个角落。

在清末民初江南社会主义"初传"的过程里，人们介绍和译述社会主义时，无可避免地会融入当时人的一些固有认知和错误理解。但如何去认识这样的固有认知和错误理解却是今天需要去深入思考的。

按照以往学界的看法，这些固有认知和错误理解混淆了各种社会主义思想，尤其是混淆了马克思科学社会主

---

[1] 《东方社会主义之先觉谭嗣同先生》，《人道周报》第 1 期，1913 年 1 月 26 日。

[2] 吴在，1871 年生，号公治、憪庵、公之，上海人。他有庠生功名，清末留日，回国后在上海务本女中、南洋女子师范学校、上海龙门师范（民国时期改称江苏省立第二师范学校）担任教员。1918 年担任沪江大学中国文学讲师，1922 年担任清华学校国文教员，1927 年担任清华大学国文学系主任。

[3] 钱穆:《八十忆双亲 师友杂忆》，生活·读书·新知三联书店 2005 年版，第 95 页。

义思想与其他社会主义思想的区别。这当然是事实。但如果立足于马克思主义中国化时代化，立足于马克思主义的"两个结合"，我们也要承认固有认知带来了一定的外来主义中国化和外来主义与中华优秀传统文化结合的可能性。

更需要重新认识的是错误理解。因为从人的认知过程说，不会一开始就直接有正确理解，正确理解总是从错误理解开始的。思想传播最糟糕的状态不是有这样或那样的"错误理解"，而是在社会层面悄无声息、毫无影响，无人想去理解，也无人愿意理解。正如前文所述的中国社会党，尽管其中的人物鱼龙混杂、泥沙俱下，其思想也是披着社会主义外衣的中国思想和外来思想的大杂烩。但它至少能密集宣传社会主义，在事实上这一政治组织成了一个在清末民初江南传播社会主义的"广告公司"。[1]

因此清末民初江南社会主义的"初传"不能奢求其为完美无缺的传播。它开辟了一些传播渠道，取得了一些传播效果，让社会主义在江南人民心中留下了印象。这既是开端，亦成为基础。对此党史专家金冲及有一段精彩的总结：

　　　　人类历史的发展是一条相续不已的长河。包括思想领域在内的一切巨大变革，都不会在一夜之间突然降临，

---

[1]　江亢虎：《中国社会党略史》（1914 年），载汪佩伟编：《中国近代思想家文库·江亢虎卷》，中国人民大学出版社 2015 年版，第 217 页。

总是有若干先行的步骤。它最初也许是涓滴细流，并不
显眼，也不纯粹，行进中间还会有许多起伏和曲折，但
这些先行步骤终究是不可缺少的。十九世纪末、二十世
纪初人们对社会主义的初步探索，对以后马克思主义在
中国的传播，无疑起着某些开辟道路的先行作用。[1]

---

[1] 金冲及：《中译本前言》，载伯纳尔：《一九〇七年以前中国的社会主义思潮》，丘
权政、符致兴译，福建人民出版社 1985 年版，第 10 页。

第二章

众声喧哗——五四时期江南的社会主义落地与马克思主义凸显

叶圣陶曾说五四时期各派的社会主义像佳境胜区一样,"引起许多青年幽讨的兴趣"。[1]能引起许多青年的"兴趣"证明当时各派社会主义确实是众声喧哗。一方面它们彼此交错、难分你我,尚有待区分,对江南人民尤其是青年群体都具有一定的吸引力。于是在清末民初社会主义江南初传的基础上,它们进一步做到了在这一地区的落地。

另一方面,它们彼此之间又相当不同,形成了激烈的竞争。在这一过程中,政治、社会、经济基础的变迁和与之相关的思想变迁决定了中国人民的选择,中国人民的选择让马克思主义逐渐在思想和实践中从各派社会主义中凸显出来。要理解这一历史过程,就要先从北京、上海这对并峙的五四运动"双塔"讲起。

---

[1] 叶圣陶:《倪焕之》,载叶至善、叶至美、叶至诚编:《叶圣陶集》第3卷,江苏教育出版社1987年版,第190页。

一、北京、上海——五四运动的"双塔"

以往讲起五四运动，北京无疑最引人注目。这当然是因为 1919 年 5 月 4 日北京学生因巴黎和会中国山东权益之事率先游行请愿，并"火烧赵家楼"掀开了五四运动的大幕。接着在五四的大舞台上，李大钊、陈独秀、胡适、蔡元培、傅斯年、罗家伦、顾颉刚等北大教授、学生成为主角人物；北京大学成为明星学校；《新青年》《新潮》《每周评论》《晨报》等成为引人注目的报刊；北京其他学校也在主角和明星的映照下展示出了光辉。这些人物、学校和报刊若要抽取一个共同特点，那就是都在"北京"。因此长久以来在学界和民众的认知中北京是五四运动的中心。

不过立足今日的研究看，北京虽然是五四运动的中心，但五四运动的中心却不止北京一个。北京、上海实际上构成五四时期并峙的"双塔"，交相辉映、联动互补。相较北京之"塔"特点的揭示有余，上海之"塔"的特点值得更多在与北京之"塔"的比较中来挖掘：

上海之"塔"相较北京之"塔"，第一个明显特点是从社会各界的多样性和社会各界的联动配合度来说，上海更为丰富。

北京当时以"学界"闻名。国立的八所高校使得这座城市成为当时全国国立大学的唯一会聚之地。这些学校同声相求、互相呼应，掀起了五四运动的滔天巨浪。其中北京大学又借助历史传统、政府力量、教授加持和在国人心中的赫赫声光，迅速来到了五四运动的舞台中央，北大师生也就此主导了五四运动历史叙述的走向。

但值得注意的是，北京在很大程度上可能仅有一个"学界"，"舆论界"的影响力相比上海就稍逊一筹，"出版界"的力量就更是有所不足。陈独秀就认为"北方文化运动，以学界为前驱"，但"普通社会"不能为后盾，"仅有学界运动，其力实嫌薄弱"。[1]顾颉刚则承认："（上海）《时事新报》实在是现在南方最有力的一种报纸……北方的日报似乎没有这力量。"[2]

反观上海，其特点是既有强大的"舆论界"，又存在有力量的"出版界"，亦不乏以非国立学校为主流的"学界"。

从强大的"舆论界"说。自晚清开始，上海报刊的发展源远流长，到五四时期上海的报刊不仅数量庞大，而且销售市场广、忠实读者多。罗家伦在《新潮》上发表的《今日中国之杂志界》一文，批评的焦点均落在上海各大报刊之上，尤其集中火力的就是商务印书馆的王牌刊物——《东方杂志》，[3]这实际上从一个侧面反映了当时上海报刊

---

[1]　《陈独秀君过沪之谈话》，《民国日报》1920年2月23日。

[2]　《顾颉刚致狄君武》（1919年8月10日），载《顾颉刚书信集》第1卷，中华书局2011年版，第226页。

[3]　罗家伦：《今日中国之杂志界》，《新潮》第1卷第4号，1919年4月1日。

的强大与强势，以致被北大学生罗家伦视为必须打击的标靶。

从有力量的"出版界"看。当时全国最大的两个出版机构——商务印书馆和中华书局均在上海，还涌现了世界书局等二线中坚出版机构和林林总总的小型出版机构。相较清末民初，这些出版机构尤其是商务印书馆和中华书局的影响力在五四时期有了更大增加。它们不仅有全国范围的影响力和遍及国内的销售网络，更有远及东南亚地区乃至跨过大洋、传播欧美的能力。

从以非国立学校为主流的"学界"论。上海虽无北京的国立八校，但有复旦大学、交通部上海工业专门学校（今交通大学）、同济医工专门学校、大同学院等私立大学，圣约翰大学、沪江大学、震旦学院等教会大学，中国公学、中西女塾、澄衷中学、爱国女学、市北公学、民立中学、南洋路矿学校、育才公学等其他各种类型的学校。五四运动时期著名的上海学生联合会即由50多所上海学校和苏浙地区学校的代表组成，在运动中产生了极大的影响和作用。

上海之"塔"相较北京之"塔"，第二个特点是上海不仅有城市"本身"，也有其城市"周边"，更有其广大的城市"辐射区"，这个"周边"就是江南。

江南令五四时期的上海"舆论界"有了听众和观众。

到这一时期，从苏州、无锡、常州到杭州、萧山、绍兴，民众普遍将各种报纸统称为"申报纸"，普遍认为政府公文未必是"真"的，上海大报上登载的消息才是"真"的。

江南也让五四时期的上海"出版界"有机会深入广大基层社会的毛细血管中。一方面在各县城、市镇若要买书、购报、觅刊，就得去商务印书馆开设的分号或中华书局开设的分号，经常在当地只此一家，别无分号，只有在那里才能买到《新青年》《新潮》等五四新文化刊物。另一方面，在一些更偏僻的地方，直至乡里农村，那里的烟纸店、酱盐店、豆豉店也会代卖商务印书馆的新式教科书，代订中华书局的白话文杂志。

进而这个辐射效应会从江南出发拓展到全国，有人就形容当时的上海在政治上是南北和会的会场所在，是一般政客、官僚、军阀进行各式各样政治交易的中心。这里又是全国舆论的枢纽，全国性的民众团体和全国学生联合会都设在这里。因此，各地民众团体的代表和学生代表也都川流不息地来到这里，推进着五四运动。[1]

显然，五四时期的上海之"塔"值得我们进一步重视，这种重视的落实不能停留在所谓"上海摩登"上。因为"海派文化"不仅是摩登的、现代的，同时也是历史的、中国的。"海派文化"中国性的养成和表露直接联系于她与江

---

[1]　张国焘:《我的回忆》第1册，现代史料编刊社1980年版，第68页。

南文化的互动、交流。五四时期社会主义在江南的落地过程就是其中重要的组成部分。

二、五四时期社会主义在江南的落地

所谓五四时期各派社会主义在江南的落地，指的是：在这一段时间内江南人民尤其是地方上的那些知识分子在"内容转化""超越文字""连接传统"这三个方向上做长时间的持续工作，努力将外来的、翻译的各派社会主义思想转变为易于江南人民理解、接受的社会主义思想。

在"内容转化"方面，五四时期江南人民通过改写上海、北京重要报刊上发表的文章，缩编上海、北京出版书籍上的文字，并且自己写文章来与前述的文章观点、书籍论述作商榷、讨论，进而将其中的社会主义内容转化到地方出版物之上，从而以更易于本地人士来理解的话实现了五四新文化包括各种社会主义内容的再传播。

这样的改写、缩编和写作在 1917 年前已零星出现。前一章提到的发表在中国社会党刊物《新世界》上的《社会主义大家马儿克之学说》，就是由朱执信《民报》上的文章扩充改写而成。[1] 同样发表于《新世界》上的《驳社会主义商兑》诸文，则是与钱智修、杜亚泉等发表在《东方杂志》

---

[1] 势伸（朱执信）：《德意志社会革命家小传》，《民报》1906 年第 2 期。

上的文章的商榷和讨论。[1]

到五四时期，随着各派社会主义在中国传播的升温，社会主义经由地方出版物"落地"的现象在江南更为常见。以河上肇为例，他是日本讲社会主义的著名学者，其作品在江南传播、落地的过程就值得关注。

河上肇作品在中国的译介始于 1911 年。1911 年到 1917 年，《东方杂志》等刊物虽然零星地发表过一些河上肇作品，但数量不多，在地方出版物上更是难觅其踪迹。[2]直至 1919 年 1 月，河上肇显露出马克思主义者的特征后，对于其作品的译介开始在中国各大报刊集中出现。如《时事新报》《民国日报》《改造》《东方杂志》《建设》等沪上讲社会主义的著名报刊时常会刊发河上肇作品，他的社会主义思想开始影响众多中国知识分子。

这些作品通过五四时期各大出版社的发行网络在江南各地传播。比如江南地区的一些师范学校和中学的图书室就订购了不少前述的沪上报刊供师生阅览学习。[3]这些报刊不仅让江南的在校师生有机会接触到河上肇作品，更影响

[1]　蠢尘：《答亚泉》，《新世界》第 2 期，1912 年 6 月 2 日；《附驳去岁东方杂志第六号论文》，《新世界》第 7 期，1912 年 8 月 14 日；《驳社会主义商兑》，《新世界》第 8 期，1912 年 8 月 25 日。

[2]　详见王嘉榘：《政体与国体》，《法政杂志》1911 年第 2 期；咏黄：《共同生活与寄生生活》，《生活日报》1914 年 5 月 3、7 日；[日] 河上肇：《战后世界之文明》，丁锡华译，《大中华》第 2 卷第 6 期，1916 年 6 月 20 日；1914 年 6 月《东方杂志》全文转载河上肇作品译文，但匿去了译者名字（《共同生活与寄生生活》，《东方杂志》1914 年第 12 期）。

[3]　徐铸成：《报海旧闻》，生活·读书·新知三联书店 2010 年版，第 128 页。

着这些学校自办刊物的内容与倾向。

　　一个例子是无锡江苏省立第三师范学校有一种自办刊物叫《弘毅》。《弘毅》原来主要发表该校学生作品，大多是关于"国学"的文章。受五四运动影响，该刊的编辑开始摘录、缩编《东方杂志》《改造》《民铎》《新教育》等报刊上的文章，其中就颇多与河上肇、与社会主义思想相关的作品。这些作品更便于阅读，也更易于理解，对河上肇思想在更大范围发生影响帮助颇大。

　　除了地方出版物的"内容转化"，江南人民还创作各类小册子传播、讨论社会主义。这些小册子大致可分为"尺牍"型（传统中对书信的一种称呼）小册子、"改写"型小册子和"选本"型小册子。"尺牍"型小册子可以用早期共产党员高语罕编写的《白话书信》为代表。[1]"改写"型小册子则可以用前一章提到的，由吴在编写的"三无主义"作品——《宥言》为代表。

　　这里重点谈"选本"型小册子。五四运动带来了新文化的浪潮，也带来了北京政府教育部强力推行国语、白话文的东风。在新文化浪潮的影响和政府带来的东风的推动下，江南各种出版社都热衷于在报刊、书籍中选择文章，尤其是白话文章辑成小册子出版。江南各个学校的趋新教师也会在报刊、书籍中选择文章，辑成小册子，用作教科书或

---

[1]　高语罕编：《白话书信》，亚东图书馆1921年版。

课外读物。"选本"型小册子就此集中出现在江南地区，为五四时期蓬勃的社会主义传播增加了独特的"落地"载体。

就笔者所见，1920年江苏松江陆规亮编选的《白话文趣》，大概是江南地区"选本"型小册子的雏形。陆氏从《新青年》中择选陈独秀的《偶像破坏论》、鲁迅的《来了》等具有强烈批判性的文章。其中，《来了》一文的主题就是为马克思主义正名，批驳当时不少人将其称为"过激主义"的污蔑。[1]

同年，浙江桐乡朱文叔编选的《国语文类选》由中华书局出版，这是相较《白话文趣》，社会主义文章"选本"特征更强的小册子。朱氏在"例言"中指出，因为杂志、日报上关于社会主义的内容"东一篇、西一篇，要找他一个统系好不容易"，所以有必要编一套小册子，便于读者检索阅读。[2]

循此思路，朱氏在"思潮"一门中选入胡适、知非、李大钊等在《每周评论》上关于"问题与主义"论争的文章。

在"伦理"一门中，他选入了沈仲九《我的人生观》（选自《教育潮》）、俞颂华《从个人本位到社会本位，从利己主义到利他主义》（选自《解放与改造》）、李大钊《物质

[1]　陈独秀：《偶像破坏论》，载陆规亮编：《白话文趣》第1集，群英书社1920年版，第9—14页；唐俟（鲁迅）：《来了》，载陆规亮编：《白话文趣》第1集，第20—22页。
[2]　朱毓魁编：《国语文类选》第1册，中华书局1920年版，第1页。

变动与道德变动》(选自《新潮》)、胡汉民《阶级与道德学说》(选自《建设》)。

在"社会"一门中,他选入了张东荪《第三种文明》(选自《解放与改造》)、筑山醉翁《社会主义简明史》(选自《解放与改造》)、潘公展《社会主义的误解》(选自《解放与改造》)、虞裳《基尔特社会主义》(选自《解放与改造》)、茅盾《罗塞尔到自由的几条拟径》(选自《解放与改造》)、张东荪《我们为什么要讲社会主义》(选自《解放与改造》)、李大钊《由纵的组织向横的组织》(选自《时事新报》)、戴季陶《工人教育问题》(选自《星期评论》)。

在"经济"一门中,他选入顾兆熊《马克思学说》(选自《新青年》)、黄凌霜《马克思学说的批评》(选自《新青年》)、李大钊《由经济上解释中国近代思想变动的原因》(选自《新青年》)、戴季陶《从经济上观察中国的乱原》(选自《建设》)。

到1922年,基于在杭州浙江第一师范学校、上海吴淞中学的教学实践,陈望道、沈仲九、孙俍工等编选出一套名为《初级中学国语文读本》的小册子,由上海民智书局出版。编者提出,这套小册子着眼于"印刷幼稚,出版物少到的地方",想为那些地区的学生提供一个国语文补充教材。[1]在这套小册子中,和社会主义相关的文章也不在少数。

---

[1] 俍工、仲九编:《初级中学国语文读本》第4编,民智书局1923年版,第1页。

李大钊的文章就有 4 篇，分别来自《少年中国》《觉悟》《新青年》《时事新报》。其他则有高畠素之、戴季陶、蔡元培等人讨论社会主义的文章。

以上各种"选本"型小册子被不少学校、社团采用，在江南地区乃至全国各地都影响颇大。据回忆，松江地区的革命摇篮之一——景贤女校，其国文课本用的就是《初级中学国语文读本》，这套读本对于景贤女校学生思想的改造作用很大。[1]

在"超越文字"方面，江南人民除了将各派社会主义的文字性内容落地江南外，还通过课堂讨论、公开演讲、私下聚谈、个人争论等"超越文字"的形式让社会主义在江南落地。五四时期许多江南人民除了读过关于社会主义的文字，也听过有关社会主义的演讲，并在读过、听过之后与人讨论社会主义。这样的例子相当多，涉及的场合也非常多样。

比如在江南讲社会主义可以在课堂上。据著名报人曹聚仁回忆，五四时期在杭州浙江第一师范学校的课堂上，"顶热闹"的就是开师生讨论会。上海新文化书局出版的《社会问题讨论集》《妇女问题讨论集》成为他们的国文讲义，课堂直接变成了关于社会主义问题的师生研

---

[1]　胡山源:《文坛管窥——和我有过往来的文人》，上海古籍出版社 2000 年版，第 207 页。

讨会。[1]

在江南讲社会主义也可以在学校的其他各处。1923 年，浙江上虞春晖中学全年举办演讲会共计 40 余次，其中多次演讲会以社会主义为主题，演讲者中既包括沈泽民、杨贤江等中共党员，也有蔡元培、吴稚晖、夏丏尊等能讲"社会主义"的人士。[2]

在江南讲社会主义也可以在所有可资利用的地方。1921 年，沈定一在浙江萧山衙山东菁草庵的戏台作关于社会主义的演讲。他既能够模仿当地土话，又善于将复杂的道理讲得清晰简单，因此台下的农人、工人都能听懂，且十分感动。沈氏的开场白为：

> 我不跑到都市上几千几万人听我讲演的地方去讲演，而跑到乡村里一个佛庙底戏台上只有百几十个农夫和工人听我说话的地方来讲演，这是因为你们是我亲爱的朋友，世界是你们底气力造成的。今天我来告诉你们：你们用了许多气力，造成世界，而吃世界上一切的苦痛；我想替你们设法，避免苦痛；但这事到底是你们自己切肤的事，所以你们自己须要明白，并且要奋斗……

---

[1]　曹聚仁：《我与我的世界》（上），北岳文艺出版社 2001 年版，第 148 页。

[2]　刘叔琴：《一年来的课外讲演》，《春晖》第 20 期，1923 年 12 月 2 日；《徐懋庸选集》第 3 卷，四川人民出版社 1984 年版，第 242 页。

那么沈定一究竟想要江南地方上的农人、工人明白什么？以下的道理非常重要：

> 资本家生了野心，一切的交易，都丧失了本来真实的价值。现在一般人不问货物底价值如何高贵，只知道有了金钱，也不愁东西的买不到。
>
> 世界不是金钱底世界，是劳动者底世界……世界上一切东西，都应该归劳动者所有……生产底机器，不是天然生成的，也不是地主行东底娘肚里生出来的，是从你们劳动者底手里产出的。
>
> 劳动者在世界上是大多数，资本家的数目，很少很少。你们结合起来，不要做一堆散沙，散沙是容易失败的；你们要结成做一块石头，别人很不容易把你们分开来，也很不容易移动你们。[1]

在"连接传统"方面，各派社会主义最初大多以翻译文字的面目出现，读来颇佶屈聱牙；其讨论语境也多植根于西方，中国人不易理解。面对此种状况，江南知识分子尝试将社会主义内容与中华文明传统相连接，以让其更接

---

[1] 沈定一著、陶水木编：《沈定一集》（下），国家图书馆出版社 2010 年版，第 500—502 页。

上中国地气，让江南人民能够理解消化。1920 年《星期评论》上就发表了《诗与劳动》一文，这份刊物的销量在江南地区一度超过《新青年》，非常受人民欢迎。

在《诗与劳动》里，作者利用谈论《诗经》中诸篇诗歌来形象地解释社会主义。如在《硕鼠》一篇中他就说在从前地广人稀的时代，要免除被剥削的痛苦，人们尚可以从一个国家跑到另一个国家。但在当今时代，这个方法就行不通了。因为"强盗阶级"（资产阶级）的势力已经充满在空气中，一直往劳动者头上压了下来。亚洲不好，跑到欧洲是一样，跑到美洲也是一样。这么大一个地球，那里还有一寸乐土，容得劳动者避难呢？两个阶级同时间在一个世界上，不把那个强盗阶级打平了，这个为世界尽十分责任的劳动者永远没有安全向上的机会。[1]

以上三个方向的努力和成绩说明五四时期的社会主义传播相较清末民初的社会主义"初传"有了很大的发展，但也可以说明此时的社会主义传播仍然是相对幼稚的，非常混杂的。这种落地的样态会带来日后中国共产党领导下的早期革命中理论不纯、主义不精的问题。至 1925 年博古仍指出，地方上那些革命者对社会主义不过是幽密地印在心上，奉之不渝，若要问他们什么是主义，他们却难立

---

[1] 玄庐：《诗与劳动》，《星期评论》第 48 期，1920 年 5 月 1 日；沈定一著、陶水木编：《沈定一集》（上），国家图书馆出版社 2010 年版，第 301 页。

刻明确地告诉你。正好像一个诗人，在初春之晨，万籁静寂中，捉到了他的一种幽谧静秘的诗思一样；他自己很明白自己的心灵之感，但是你一定要叫他写出来，却是不能的。[1]但不容忽视的是，这种"写不出来"却"奉之不渝"的现象，或正显示出五四时期各派社会主义尤其是马克思主义在江南获得生发的真实状态。

这样的状态折射的是五四时期各派社会主义竞争的大环境。那么马克思主义是如何在各派社会主义竞争的状态下凸显而出的呢？这是下一节要讨论的问题。

三、社会主义竞争与马克思主义凸显

五四时期中国人对世界的认知相较清末民初发生了一个很大变化。前文已经提及，在清末民初，人们认知的所谓"西方"基于一种虚幻的"普遍文明观"，在很大程度上"西方"变成了一个浑然一体的世界。不少人相信欧美所有国家整体性地代表着现代文明。

而到了五四时期，"西方"在中国人的认知中发生了分裂，开始变为对一个个具体国家的认知——英、法、美、俄、德。这样的认知分裂也表现在思想的吸收和认同上，面对这一个个具体国家，各个群类的中国人有他们各自信奉的

---

[1] 则民：《什么是锡社主义》，《无锡评论》第 16 期，1925 年 7 月 1 日。

思想。仅在社会主义中就可分为马克思科学社会主义、无政府主义、互助主义、新村主义、合作主义、泛劳动主义、基尔特社会主义、国家社会主义、工团社会主义等。

而在以上各自信奉的思想中，又可以细分出当时中国人所倚重的不同的外国人，如杜威、罗素、皮耳生、詹姆士、倭铿、柏格森、欧立克、杜里舒、克鲁泡特金、巴枯宁、考茨基、马修·阿诺德、白璧德、孟禄、克伯屈、易卜生、托尔斯泰、莫泊桑，等等。

对于这许许多多外国人物的思想，据周予同形容当时人们的介绍是毫无系统地、东鳞西爪地"乱拉"！[1]更为混乱的是，在清末民初曾产生大影响的外国人如斯宾塞尔、赫胥黎、达尔文，他们的思想在五四时期仍有人信奉和认同，并未完全失去其影响。

那么为何到五四时期，在中国人对世界的认知里，"西方"会发生这样的分裂？各派社会主义为何会在此时更有奔涌而来的力量，形成激烈竞争，主要和以下三个方面的影响有关。

第一个方面的影响源自当时中国人对"救国"的迫切要求和多样思路。从清末民初到五四时期，基于中国的现实状况，各种"救国"的思路和试验层出不穷，如"变法"救国、立宪救国、法政救国、教育救国、实业救国，等等。

---

[1]　周予同：《过去了的"五四"》，《中学生》第 5 号，1930 年 5 月 1 日。

多样的思路和层出不穷的试验背后正依托着形形色色的主义。而在这段时间里欧美各国变迁的一个大趋势是资本主义社会早已跨过其上升阶段，内部矛盾愈演愈烈，各式的社会主义运动正以空前的规模展开。对于欧美各国这一如此突出的社会现象，中国人在形形色色的主义中当然会把目光集中投射到指导各式社会主义运动的各派社会主义之上。

第二个方面的影响是第一次世界大战的冲击。第一次世界大战在中国人看来是他们原先认为的最文明的那些国家在做最不文明的事——血腥的战争。瞿秋白即说："世界人类的文化至欧洲大战而大破裂，资本主义、帝国主义的毒症暴露，以后的发展若不改一趋向，非走到绝地不止。"[1]

瞿秋白的话说明帝国主义列强在瓜分世界的本能驱动下，在彼此之间掀起大战。他们的撕咬血斗消耗着自身、折磨着世界，也刺激着中国人越来越能够在全球视野内考虑中国问题、厘清中国道路。他们迫切寻找着考虑和厘清后的答案，这就为社会主义的进入和接受进一步打开了大门。

第三个方面的影响是俄国十月革命的爆发与成功。1917

---

[1] 瞿秋白：《世界社会运动中共产主义派之发展史——世界共产党与世界总工会》（1922年6月），载《瞿秋白文集·政治理论编》第1卷，人民出版社2013年版，第497页。

年之前，中国人认知的革命模板除了中国传统里固有的汤武革命，无外乎英国革命、美国革命和法国革命。在三场革命中，英国革命、美国革命在清末民初受到的关注相对较少，法国革命则以其相对的彻底性对中国人具有更大的吸引力。像辛亥革命在一些人看来就是中国版本的法国革命。但辛亥革命之后，中国的根本问题却没有获得解决：国家依然没有地位，社会依然缺少变化，文明依然未得改造。满目的问题让中国人心忧如焚，但又毫无头绪。

1917 年俄国革命爆发，苏维埃政权建立，在那片土地上确立了全新的社会主义制度。俄国本来是欧美列强的薄弱一环，居然就一步进化到了社会主义国家。俄国革命没有经历"城头变幻大王旗"，居然是让劳工农民走到了前台，当上了主人。马克思主义是一套还未经过充分实践的学说，居然在苏俄渐渐立稳站定了。这些在当时人看来"不可思议"的事实一下子让社会主义在中国获得了强大的认同，尤其是各派社会主义中的马克思主义。俄国革命的成功让马克思主义不再停留于纸面上，而是成了具象的、可供模仿的东西，进而也让马克思主义在代表世界进步方向的意义上获得了实证性的依据。因此俄国革命得到了当时大量关注中国命运之人的肯定。1918 年有北大学生就说："一年以来，我对于俄国的现状绝不抱悲观。我以为这是现代应当有的事情。将来无穷的希望，都靠着它做引子。"[1]

以上三方面因素让各派社会主义在五四时期以中国为跑马场竞相追逐。在竞相追逐的过程里，仅短短数年马克思主义就得到了更多的认同、援引与追求，这和五四时期中国人的一系列根本性反思有关系。

首先是对片面追求帝国主义式富强的反思。清末民初的那些"救国者"强调国家"富强"，这在追求中华民族复兴的基本方向上没有错，但在他们所选择的前进方式上却不免与帝国主义列强同调。到五四时期，一部分先进知识分子意识到从前强调的那种国家"富强"只和军阀、在华外国人、买办、官僚、豪绅等少数人有关，和中国的大多数人无关，很多时候甚至是会牺牲掉大多数人。共产党员萧楚女即指出如果按照帝国主义国家的道路走下去，充其量不过是让中国获得参加下一次世界大战的资格而已。同时帝国主义列强也不会容忍和允许中国这样一个半殖民地国家真正走向国家"富强"。列强必定会用全副手段滞后、压抑、阻碍中国的真正发展。萧氏就问道："美国底大腹贾，英国底绅士们，能安然让中国土壤上长出一颗爱国之花么？"[2]答案显然是否定的。

---

[1] 傅斯年：《社会革命——俄国式的革命》(1918 年 11 月 12 日)，载欧阳哲生主编：《傅斯年全集》第 1 卷，河南教育出版社 2003 年版，第 109 页。

[2] 萧楚女：《讨论"国家主义的教育"的一封信》，载中国新民主主义青年团中央委员会办公厅编：《中国青年运动历史资料（1915—1924 年）》第 1 册，内部资料1957 年印，第 434 页。

　　这就涉及下一种反思——对如何改变既有世界秩序的反思。第一次世界大战结束，中国成为战胜国，却无力去改变当时的世界秩序。因此作为战胜国的中国只能寄希望于美国总统威尔逊提出的"十四点原则"，产生了不少"虚幻的乐观"。这"虚幻的乐观"是：中国人以为在巴黎和会上列强会按照此原则行事，建立起一个由独立国家组成的世界新体系。中国就此可以"挽百十年国际上之失败"，"将逐影而上，能与英、法、美诸强并驾齐驱耳"。[1]

　　巴黎和会的残酷结果无疑狠狠掌掴了那些轻易乐观的中国人，不少人意识到威尔逊的"十四点原则"和骗局无异，对美国和其他帝国主义列强的幻想必须打破。正在此时，列宁提出民族殖民地理论，鼓励殖民地、半殖民地国家进行民族革命和民主革命，驱逐帝国主义，实现民族独立，建立一个与帝国主义国家主导的世界秩序相抗衡的、公平正义的世界新秩序。由此，在中国人的选项里，威尔逊主义很快让位于马克思主义。

　　第三种反思是对自身学习理论、接受思想的方式的反思。瞿秋白即说五四时期新的主义、新的哲学"漫天飞舞"，一系列问号乱飞。思想界既不知道怎样设问，也不知道怎样摆放这些问号，更遑论答案。所以人们接受思想、学习理论要么会眼花缭乱，陷在混乱的漩涡里；要么就头

---

[1]　迁生：《告梁启超》，《民国日报》1919年1月5日。

脑简单，"不是这个，就一定是那个"，而忽视一切思想都是自生活中流出的，不是先去妄立一个主义，像写字似的，一笔一笔刻板地描在白纸上。

由此马克思主义的吸引力在于能帮助人们深刻认识到世界是现实的，人是活的，生活是动的。因此懂马克思主义的人会在现实生活中、社会的动流中，得到实际的方法，走出推动人类发展的步伐，获得"奋斗之乐"。马克思主义解决的是现实社会问题，拿抽象名词的尺来丈量它，无异于南辕北辙。[1]

通过以上反思，从江南至全国各地，马克思主义在各派社会主义中凸显了出来，甚至影响到了不太认同甚至是反对马克思主义的人物。比如 1919 年 8 月胡适就说唯物史观"指出物质文明与经济组织在人类进化社会史上的重要"，"在史学上开一个新纪元，替社会学开无数门径，替政治学说开许多生路"。[2]到 1921 年 9 月张东荪亦直接承认布尔什维主义"看去明明是一条大路"，而基尔特主义"明明看去无路"。虽然张氏补充说布尔什维主义的大路是"画在墙上的"，基尔特主义若不急功近利的话，"总可以得到柳暗花明又一村的境地"。[3]但无论如何补充，通

[1] 瞿秋白：《赤都心史》，载《瞿秋白文集·文学编》第 1 卷，人民文学出版社 1985 年版，第 246—251 页。

[2] 胡适：《四论问题与主义——论输入学理的方法》，《每周评论》第 37 号，1919 年 8 月 31 日。

[3] 东荪：《我们所能做的》，《时事新报·社会主义研究》1921 年 9 月 16 日。

过胡适的看法和张东荪的言论可以明显看出马克思主义的凸显。

但以上的凸显还只是思想层面的，如何在实践中凸显出马克思主义，这就和中国共产党的建党活动紧密联系。

四、在实践中进一步凸显马克思主义

中国共产党从筹建开始，李大钊、陈独秀等早期领导人就具有一种自觉——要建立起一个和以往旧政党不同的新型政党，以担负起中国彻底大改革的重任。[1] 在中共一大召开前夕，上海共产党早期组织的机关刊物《共产党》已宣告：

> 试问南北各派政党，那一派免了鼠窃狗偷，那一派有改造中国底诚意及能力？全国民在这彷徨歧路之中，那一派人是用光明正大的态度，挺身出来，硬起铁肩，当担这改造政党，改造政治，改造中国底大责任呢？这就是我们共产党在中国政治的使命。[2]

上引文里的一系列"改造"若归结一处说就是要创造

---

[1] 李大钊：《团体的训练与革新的事业》(1921 年 3 月)，载中国李大钊研究会编：《李大钊全集》第 3 卷，人民出版社 2013 年版，第 350 页。
[2] 《短言》，《共产党》第 5 号，1921 年 6 月 7 日。

出新型政党，以改变以往"政党"在国人心目中的恶劣形象。这是因为在中国共产党建立之前，各色各样的中国资产阶级政党因其胡作非为或无所作为，已让"政党"在社会认知中形成了一种极恶劣的印象。恶劣印象的形成源于陈独秀所说的"有产阶级各政党底过去的成绩"——造谣、倾陷、贿卖、假公肥私、争权夺利、颠倒是非、排斥异己。更值得注意的是陈独秀特别指出以上"成绩"并非中国资产阶级政党所独有，而是不分东方西方的，国外资产阶级政党在这些"成绩"的取得上也是"百步（与）五十步之间"的关系。由此"只有以共产党代替政党，才有改造政治底希望"。这希望就在共产党员是"彻底的人"，"愿冒自己性命的牺牲"，而且诚实能干，不沾腐败习气，工作不倦。[1]

那么中国共产党作为新型政党究竟"新"在何处呢？若聚焦中共建党前后，有三个特点已经显著地表现了出来。

第一个特点是做以实践为第一的，不停留在想革命、说革命，而是真正干革命的政党。这个特点的形成和中国共产党对马克思主义有意识地"活学活用"密切相关。中共早期领导人群体大多是知识分子，学有根底，写有不少文章，至今他们的思想和文字都值得深入学习体会。但是

---

[1]　陈独秀：《政治改造与政党改造》(1921 年 7 月 1 日)，载《陈独秀文集》第 2 卷，人民出版社 2013 年版，第 174、175 页。

中共早期领导人不像马克思、恩格斯、列宁那样有多方面多层次的理论论著。当时紧张的政治局势、迫切的救亡斗争，使得中共早期领导人在主客观上很少能有足够条件来进行长期理论思考和书斋研究，而是把主要的力量、时间集中在了急迫的斗争实践上。[1] 比如 1919 年 8 月李大钊已指出即使拼上半生工夫来研究马克思的理论，也不过仅能就马克思已刊的著述中，把马克思反复陈述的主张得个要领而已，不能算是完全了解马克思主义。因此他写《我的马克思主义观》，是"硬想谈"，是"僭越的（得）很"。[2] 到 1921 年 5 月前后，沈雁冰翻译列宁《国家与革命》第一章后觉得"必须多读马克思主义的经典著作"，但社会活动越来越多，"竟不能如愿"。[3]

　　这种状况在马克思主义理论的研究上当然留有遗憾，却能让在中国凸显的马克思主义从一开始就不局限在书斋，成了活生生的、要撸起袖子去干的实践性学说。陈独秀就指出，理解马克思主义不能只在屋中饮茶吸烟，研究其学理，便可了事，否则就和研究孔子、研究康德没有区别。我们不能仅仅研究学理的马克思主义，还须凭借马克思主义去做实际的活动，去做社会革命，要"宁可少研究点马

---

[1] 李泽厚：《马克思主义在中国》，生活·读书·新知三联书店 1988 年版，第 18 页。
[2] 李大钊：《我的马克思主义观》（1919 年 9 月、11 月），载中国李大钊研究会编：《李大钊全集》第 3 卷，第 1 页。
[3] 茅盾著、钟桂松主编：《茅盾全集》第 35 卷，黄山书社 2014 年版，第 220 页。

克思的学说，不可不多干马克思革命的运动！"[1]

第二个特点是做坚定地以一个主义为中心的政党。五四时期，诸多社团、政党不断创立，据粗略估计多达二三百个。这些社团、政党多为知识分子所组成的松散小组织或更为松散的小团体。之所以称其"松散"就是因为他们崇尚的主义是多样的。他们的组织往往仅具备一个外形，里面各种主义共存且互相冲突，没有中心的思想。因此五四时期一个很突出的现象是社团、政党多旋起旋灭，持续时间不长，即使一小部分社团、政党持续时间稍久，最终也不免风流星散、分崩离析。

参与中共建党的革命者在五四时期也多被乱花渐欲迷人眼的诸多主义吸引过，加入过各种各样的社团、政党。最后他们坚定地选择了马克思主义。这是因为马克思主义能提供给当时迷茫的人们精神的归宿、行为的指针和实际的方案。这些要素其他主义或许都能提供一部分，但做不到"三位一体"的全方位提供。"三位一体"的全方位提供让马克思主义成为真正的信仰。有了信仰的革命者就好比行船有了方向。反之，行船若不定方向，只是一味地拼命乱划，"向前碰在礁石上，向后退回原路去都是不可知的"。[2]

---

[1] 陈独秀：《马克思的两大精神》（1922 年 5 月 5 日），载《陈独秀文集》第 2 卷，人民出版社 2013 年版，第 250 页。

[2] 陈独秀：《主义与努力》（1920 年 12 月 1 日），载《陈独秀文集》第 2 卷，人民出版社 2013 年版，第 93 页。

最后一个特点是做一个有严密组织，且能不断把人民组织起来的政党。"组织"对中国共产党而言既是一个名词，又是一个动词。在名词的意义上，严密的组织是中共不断追求的目标。在动词的意义上，将人民不断组织起来是中共发展的基本要义。而江南正是中共建党前后严密自身组织，不断把人民组织起来的原点，整个党的基本架构建立于此，日后的延伸也奠基于此。

1920 年 5 月陈独秀、李汉俊、陈望道等人即在上海组织马克思主义研究会。8 月，在上海建立共产党早期组织，其中俞秀松、陈望道、茅盾（沈雁冰）、邵力子、沈泽民、施存统、沈定一等均是出身江南的革命者。上海共产党早期组织是中国第一个共产党组织。它同全国各地的革命团体进行联络，通过直接和间接的方式帮助和推动其他一些大城市和地区建立共产党早期组织。它还发起组织和帮助建立上海社会主义青年团，先后领导组织过上海机器工会和上海印刷工会。

1921 年 7 月中国共产党成立，12 月根据中共一大通过的《中国共产党第一个纲领》成立中共上海地方委员会。它的首要任务即是进行党的建设，发展党的组织。1922 年 7 月底，根据中共二大通过的《中国共产党章程》，中共上海地委改组为中共上海地方执行委员会兼区执行委员会，领导上海市与江苏、浙江两省党的工作。委员会成立后，随即派出委员至苏、浙两省各地进行建党工作。

在这段时间里关于江南地区党组织的拓展和延伸，沈雁冰的故事是一个典型案例。1916 年 8 月，沈雁冰从北京大学预科毕业，进入上海商务印书馆工作。在李汉俊介绍下，沈雁冰加入了上海共产党早期组织。中国共产党成立后，他成为商务印书馆职工中第一位中共党员。此后，从 1922 年 7 月到 1924 年 4 月他担任上海地方执行委员会兼上海区执行委员会委员、国民运动委员会主任（1923 年 7 月到 9 月）。他利用在商务印书馆担任编辑、对外通信便利的条件，负责中共中央的秘密联络工作。[1]

沈雁冰一面在上海从事党的组织发展工作，一面也在浙北桐乡乌镇老家创办传播新思想、宣传马克思主义的社团和刊物，在江南地方上推进革命的组织建设。

乌镇地处水陆要冲，为两省（江苏、浙江），三府（湖州、嘉兴、苏州），七县（乌程、归安、崇德、桐乡、秀水、吴江、震泽）的交界之地。[2]依托乌镇的重要位置，沈雁冰和弟弟沈泽民、同乡萧觉先、王会先等人发起成立桐乡青年社，出版刊物《新乡人》。在桐乡青年社中，沈泽民是中共党员，社员王会悟则是中共一大代表李达的夫人。在这批革命者的努力之下，桐乡青年社中人的革命倾向日

---

[1] 茅盾、韦韬：《茅盾回忆录》（上），华文出版社 2013 年版，第 161 页。
[2] 以上行政建制依据清末民初的状况，后有所变动。

益明显。青年社就此将《新乡人》改名《新桐乡》,所登稿件全部使用白话文,在桐乡县城、濮院镇、新塍镇等处设立了特约代售处。

为了组织建设的顺利推行,他们特别邀请当地颇有名望的小学校长徐仲英做干事主任。[1] 从此,桐乡青年社一方面积极向上海党组织靠拢,另一方面又将其组织向乌镇周边扩展,日渐成为浙江北部各市镇、乡村的革命中心地。如地处南湖之畔的新塍镇,就成了桐乡革命组织建设的一个分支,当地也组织起社团,进步知识分子创办《少年新塍》等杂志,积极宣传马克思主义,推进革命。[2]

瞿秋白曾言五四时期社会主义的讨论是"隔着纱窗看晓雾",其流派、意义都是纷乱的。[3] 无独有偶,大约在五四运动 30 年前,英国的状况也是如此——"各色各样的社会主义都有:自觉的社会主义和不自觉的社会主义、散文的社会主义和诗歌的社会主义、工人阶级的社会主义和资产阶级的社会主义……吓人的社会主义不仅变成很受尊敬的东西,而且已经穿上了燕尾服,随随便便地躺在客厅

---

[1]　中国人民政治协商会议浙江省桐乡县委员会文史资料委员会编印:《桐乡文史资料》第 4 辑,内部资料 1986 年印,第 80 页。

[2]　浙江省新闻志编纂委员会编:《浙江省新闻志》,浙江人民出版社 2007 年版,第 112—113 页。

[3]　瞿秋白:《饿乡纪程——新俄国游记》,载《瞿秋白文集·文学编》第 1 卷,人民文学出版社 1985 年版,第 26 页。

里的沙发上了。"[1]

由此，理解世界历史中的社会主义传播重要的就不在其是否"纷乱"，而是如何在"纷乱"的各种社会主义中厘清什么是"科学的社会主义"。

在英国，恩格斯是以"伦敦东头的觉醒"来厘清"资产阶级圈子里所卖弄的以水冲淡了的社会主义"，即英国工人运动的持续推进才是科学社会主义前进的方向。[2]

而在中国，五四运动时期指望"伦敦东头的觉醒"并不具备充分的条件，我们是通过社会主义在中国尤其是江南的落地，让人们不断地了解、熟悉、甄别各派社会主义，进而一部分先进知识分子自觉地跃出了资产阶级的圈子，作出了他们的选择，在"以水冲淡了的社会主义"中萃取出了马克思主义的醇酒。不过在当时的历史环境下，主义纷纷，何止于社会主义；反动势力强大，并不只有资产阶级。在半殖民地半封建社会里挣扎的中国人如何能痛饮马克思主义的醇酒，依然有待探索和实践。

---

[1]　恩格斯：《英国工人阶级状况》，人民出版社 1956 年版，第 31 页。
[2]　恩格斯：《英国工人阶级状况》，人民出版社 1956 年版，第 32 页。

第三章

人间正道——大革命时期的中共发展与江南马克思主义传播

1925 年 4 月国民党左派、南社著名诗人柳亚子发表了一首热情讴歌马克思主义的诗：

孔佛耶回付一嗤，空言淑世总非宜。

能持主义融科学，独拜弥天马克斯。[1]

这首诗登在江苏吴江黎里镇先进知识分子主办的地方报纸《新黎里》上，后来被柳亚子称为自己的代表作。[2] 它的面世时刻离轰轰烈烈的五卅运动爆发只有不到两个月的时间，离大革命高潮席卷全国也不到一年时间。那么为何一个国民党左派会在江南小镇的地方小报上发表热情讴歌马克思主义的诗？这背后的缘由正是本章要讲的故事。

---

[1] 杨天石、王学庄编：《南社史长编》，中国人民大学出版社 1995 年版，第 609 页。

[2] 中国革命博物馆、上海人民出版社编：《磨剑室文录》（下），上海人民出版社 1993 年版，第 1278 页。

一、大革命时期的中共发展

1921 年 7 月中国有了共产党，这是中华文明史和世界马克思主义发展史里"开天辟地"的大事变。不过从 1921 年到 1924 年，初生的中国共产党带领中国人民要走的"人间正道"应该是何模样，虽然已经有了轮廓，但要继续探索完善的地方仍有很多。

从国际形势说，帝国主义列强在度过第一次世界大战的危机后，又卷土重来，加紧了对中国的掠夺，当时相对富庶繁华的江南地区首当其冲、深受其害。

从国内形势看，在列强操纵下，军阀的割据和军阀之间的混战成为国内社会生活中的突出现象。在那段时间里，全国战火连绵，无休无止；由于军费激增，军阀政府加诸人民的苛捐杂税难以承受；整个国家的状态四分五裂，人民的生命财产得不到起码的保障。

从党的自身状况说，1921 年 7 月中共一大召开时中共有 50 余名党员，1922 年 7 月中共二大召开时有 195 名党员，至 1923 年 6 月中共三大召开时党员数为 420 名，[1] 可见党员人数虽然在年年增加，党的影响在日日扩大，但总体力量依然是比较薄弱的。

---

[1] 中共中央组织部、中共中央党史研究室、中央档案馆编：《中国共产党组织史资料》第 1 卷，中共党史出版社 2000 年版，第 3—5 页。

综合以上的状况，当时中国的革命形势正如黎锦熙的一首诗所言：

> 国民程度不足
>
> 还只怪走岔了路
>
> 我们赶快指点——
>
> 一条简单明了的大路
>
> 让他们真实纯粹的往前走
>
> 这条路再不要走错！[1]

要有能让人民真实纯粹往前走的"大路"，就需要一场能彻底变革现状的、真正的大革命。这样的大革命从1924年初开始起步，到1926年形成高潮，其发展既与中国共产党的内部特征和基本动力有关，又与外部形势变化有关。我们先来谈中国共产党的内部特征和基本动力。

清末开始，中国新式教育快速发展。到20世纪20年代初中国有了一个"学生世界"。据中华教育改进社调查，截至1923年4月，全国小学生数量为6601802人、中学生数量为182804人，大学及专门学校学生数量为34880人。合计680多万人。这一规模与当时人口总量相比并不算大，

---

[1]　黎锦熙：《等到"四十节"来了再说》，《时事新报·双十增刊》1921年10月10日。

但相较 20 年前中国的学生数量已是突飞猛进，增长极快。[1]

而且数字本身仅仅说明"学生世界"的一部分特征，更重要的是在数字背后是一批批年轻人从乡村、市镇来到了县城，继而来到了省城、都市；一批批年轻人在学校里群聚，在城市里交汇；一批批年轻人开始在资讯最为流动、思想最为活跃的地方与革命思想、革命实践相接触。

以一个"学生世界"为基础，加上在江南地区除了上海，无锡、南通、杭州、南京等地的工人数量尤其是青年工人数量也在大量增加。[2]大批青年获得机会和渠道进入革命相关组织，并成长为革命组织里的中坚力量，中国共产党、中国社会主义青年团的核心人员构成正体现这一特征。

1921 年中共一大参加者，平均年龄 28 岁，19 世纪 90 年代出生的有 9 人。1922 年中国共产党上海地方执行委员会兼上海区执行委员会成立，委员、候补委员 16 人，平均年龄 26 岁，19 世纪 90 年代出生的有 10 人。1922 年中国社会主义青年团第一次代表大会召开，第一届中央执行委员会委员、候补委员 12 人，平均年龄 23 岁，19 世纪 90 年代出生的有 9 人。

以上数字和比例说明青年是中国共产党领导下的中

---

[1] 中华教育改进社编：《中国教育统计概览》，商务印书馆 1924 年版，第 2 页。

[2] 如据 1926 年的统计，无锡有十五万以上的产业工人，南通有十万以上的产业工人，杭州有五万纱厂、机织工人，南京有四万交通工人。参见中央档案馆、浙江省档案馆编：《浙江革命历史文件汇集（省委文件）》(1926 年、1927 年)，内部资料 1986 年印，第 7 页。

国革命的主力军。同时也正因为革命的主力军是由当时的"90后"乃至"00后"组成，他们被马克思主义学说浸染和武装，又不断将马克思主义在革命实践里中国化时代化，所以中国共产党领导下的中国革命发展的基本动力也就此渐渐清晰，主要表现在：

第一，中国共产党领导下的中国革命既是有朝气、有理想的革命，又是能务实、有目标的革命。这种"兼而有之"的特点可以在中国共产党与其政治对手的比较中看清楚。

相较中国国民党，中国共产党更富有朝气。她没有沉重的历史包袱比如辛亥革命时期产生的大量老国民党员，没有那么多的所谓革命元老在革命推进中阻挡掣肘、指手画脚。

相较中国青年党，中国共产党有更宏远的理想。她走出了狭隘的国家主义，考虑的是全人类的命运与前途。

相较无政府主义者，中国共产党能务实、有目标。她追求世界的新秩序、人类社会的大同，但并非虚幻缥缈的世界新秩序和触手可及的人类社会大同，而是要一步一步改造出来的世界新秩序和一步一步建设出来的人类社会大同。无政府主义者希望一下子吃成个胖子的愿望虽然美好，但饭总是要一口一口吃的，否则就是"（其）玄虚已去西天阿弥陀佛不远了"。[1]

---

[1]《短言》，《共产党》第 3 号，1921 年 4 月 7 日。

第二，中国共产党领导下的中国革命是能够自我反思、不断学习的革命。20 世纪 20 年代干革命的青年大部分不属于工人阶级、农民阶级，也不是经济意义上的"无产者"。他们多为知识分子，属于小资产阶级。从他们的阶级属性出发，由这批人来领导革命从原典理论出发并不是最合适的。但中国共产党领导下的中国革命在最初阶段就全力以赴地作"自我改造"，与工农相结合，与人民在一起，这一变化的过程毛泽东曾作过生动的描述：

> 我是个学生出身的人，在学校养成了一种学生习惯，在一大群肩不能挑手不能提的学生面前做一点劳动的事，比如自己挑行李吧，也觉得不像样子。那时，我觉得世界上干净的人只有知识分子，工人农民总是比较脏的。知识分子的衣服，别人的我可以穿，以为是干净；工人农民的衣服，我就不愿意穿，以为是脏的。革命了，同工人农民和革命军的战士在一起了，我逐渐熟悉他们，他们也逐渐熟悉了我。这时，只是在这时，我才根本地改变了资产阶级学校所教给我的那种资产阶级的和小资产阶级的感情。[1]

---

[1] 毛泽东：《在延安文艺座谈会上的讲话》，载《毛泽东选集》第 3 卷，人民出版社 1991 年版，第 851 页。

　　在毛泽东所言的"根本改变"中，信仰马克思主义的革命青年成了推动中国社会整体性变革的普罗米修斯。接下来他们要在改造自己的同时去改造社会。这种改造不是他们居高临下地去改造中国社会，而是要"到群众中去"，在与人民的紧密联系中去改造中国社会。其间具体生动的故事很多，这里只举一个例子。

　　1924年4月27日，江苏松江各团体举行列宁追悼会，邀请恽代英来指导工作。会前恽代英和当地革命青年谈话，谈到了革命青年如何与农民接触和如何发动农民等问题。之后在不少场合恽代英屡次提到这些重要问题，并作了深刻的阐发。

　　在恽代英看来唯物史观、阶级斗争理论、进化原理等学理是革命青年努力的指南，需要仔细研究，但若是直接把这些东西介绍给农民，就"完全要不得"！即使是讨论放足、剪发、破除迷信等与农民密切相关的问题也要学会"因势利导"，要知道什么是他们的苦痛，什么是他们的希望，什么是他们喜欢的，什么是他们不喜欢的，总之要接近农民，就要调查他们生活的实在情形，方可有所推进。[1]

　　那么怎样去和农民接近呢？就要观察，就要与他们谈

---

[1]　恽代英：《我们现在应该如何努力？》(1924年5月7日)，载《恽代英全集》第6卷，人民出版社2014年版，第333—335页。

话。在谈话时，调查者不要自己说得太多，不要用很多农民不懂的名词，比如说"革命""流血"等骇人的话把他们吓得不敢亲近了。调查者最好是少说，多询问他们，让他们多说。调查者要从他们所说的当中，学习他们的生活状况，研究他们说话时所用的话头与格调，研究他们的思想与他们所考虑的问题。调查者要学会用他们的话头与格调对他们说话。

最后恽代英的总结是："我们要教育农民，先让农民来教育我们！"[1]在中共党、团内，这样来联系人民、深入群众的思考和实践不是孤例，而是很早就已形成了风气、构成了传统。恽代英是这样做的，毛泽东是这样做的，许许多多的党员干部、普通党员也是这样做的。正是在这样的风气和传统里，中国共产党不会惧怕因年轻而犯下的错误，也扭转了因阶级属性而带来的不足。在党的发展历程中，自我革命是一贯的，同时也是深刻的。

从外部形势发展看，1924年1月国民党第一次全国代表大会召开。这标志着在共产国际的推动和中国共产党人的努力下，孙中山决心改组国民党，国共两党合作的方针得以实现。但国共合作使得一段时间内中共党员以个人身份加入国民党者较多，国民党的组织发展因此走上了快车

---

[1] 恽代英：《预备暑假的乡村运动——"到民间去"》（1924年5月24日），载《恽代英全集》第6卷，第394页。

道，中共的发展虽然也有所增长，但未如原先期望的那样加快，甚至一度出现停顿和徘徊。

不过随着1925年3月孙中山突然逝世、国民党右派如西山会议派、孙文主义学会等活动猖獗，以及以五卅运动为代表的革命形势发展，国共合作出现了裂痕，且这一趋势不可逆转。同时借助时局变化，国民党、中国青年党等政治势力正在快速提升力量，与中共形成你进则我退的激烈竞争关系。由此中国共产党进入了关键的"造党时期"，需要在革命风起云涌之际造出党的领袖，造出党的干部人才，造出党的思想深入群众的力量。[1]

在内部特征、基本动力和外部形势的合力作用下，中国共产党在大革命中真正发展了起来。1925年1月中共四大时，党员数量为994人，相较三大，增长其实有限。1925年10月中共党员数量有一个猛进，达到约3000人。1926年4月，中共党员数量达到1.1万人。1927年4月中共五大时，党员数量激增至5.79万人。

显然，从中共发展规模看，大革命是真正的催化剂。大革命之前发展速度较慢，从1924年起发展速度有所加快，从1925年下半年起发展速度急速加快。从1925年1月到1927年4月，不到两年半时间党员规模增加近60倍。

---

[1]《上海区委召开各部委书记会议记录》，1926年5月15日，载中央档案馆、上海市档案馆编：《上海革命历史文件汇集（上海区委会议记录）》（1926年4月—1926年6月），内部资料1989年印，第119页。

需要注意的是中国共产主义青年团的发展状况亦符合前述态势，1922 年 5 月有团员 5000 人左右，1925 年 1 月达到 8000 多人，1927 年 5 月达到约 3.6 万人。[1]

这样的发展速度和发展规模让中共不再是大革命前的"小团体研究主义的组织"，而成为一个有能力领导大革命的"群众的党"。[2]在江南各地，群众的"革命化"程度在不断高涨。这让人们对马克思主义武装头脑、指导实践的需要越来越强烈，马克思主义也就此开始深入江南地方。

二、马克思主义深入江南地方

大革命时期中共的大发展使马克思主义能深入江南地方。这种"深入"既体现在从大城市向江南地方的马克思主义内容输出上，也表现在能在江南地方传播马克思主义之人的养成上。我们先来看内容输出。

大革命时期上海、北京、广州等地的报纸、刊物、书籍中的马克思主义内容越来越多。除了以往有较多研究的党、团刊物如《向导》《新青年》《中国青年》《前锋》《新建

---

[1] 中共中央组织部、中共中央党史研究室、中央档案馆编：《中国共产党组织史资料》第 1 卷，中共党史出版社 2000 年版，第 4、7、8、9、10、11 页。

[2] 中央档案馆、浙江省档案馆编：《浙江革命历史文件汇集（省委文件）》(1926 年、1927 年)，内部资料 1986 年印，第 11—12 页。

设》，若聚焦于江南地方上的马克思主义传播，则以下"一报两刊"也非常重要。那就是《民国日报》（和它的《觉悟》副刊）及《学生杂志》《东方杂志》。

这"一报两刊"之所以重要，不仅体现在其登载的文章有众多马克思主义内容，包括域外马克思主义思想介绍，域外社会主义运动剖析，马克思、恩格斯、列宁、李卜克内西、卢森堡等著名革命家的生平介绍和思想评析，中国共产党人的思想和活动；也体现在它们和江南地区无比密切的联系！

这种密切联系表现在：《民国日报》会刊登大量江南人民的来稿，报纸编辑也会与江南人民经常做书信往还；《学生杂志》乃是江南学生，乃至全国学生都要定期购阅的畅销杂志，其中的文章、通信、问答颇多来自江南各地；而《东方杂志》则是一种商务印书馆从清末开始就屹立不倒的老牌杂志和王牌杂志，却能"与时俱进"，1924 年 2 月第 21 卷第 3 号上就刊载过 10 篇有关列宁的文章，五卅运动时《东方杂志》社还出版过关于运动的特刊。[1] 下面我们就以《学生杂志》为一个案例，来看这些报刊究竟如何与江南地方相联系。

大革命时期的《学生杂志》能持续、大量地输出马克思主义和中共早期党员杨贤江很有关系。杨贤江是浙江余

---

[1]《杨贤江全集》第 4 卷，河南教育出版社 1995 年版，第 615 页。

姚人士，1921年起他长期担任《学生杂志》编辑。1923年杨贤江加入中国共产党，并担任中共上海地方执行委员会兼区执行委员会国民运动委员会委员，专门负责学生运动工作。围绕学生运动，他除了自己写文章，发起"学生干政""学生入党"的讨论外，还以"通讯栏"和"答问栏"这两种重要形式来传播马克思主义。"通讯栏"一般是登载较大问题的讨论及篇幅较长的稿件，"答问栏"则登载相对简短的疑问和对疑问的解答。

从"通讯栏"看，一些当时萦绕青年，让青年深感困惑的问题如革命政党建设、革命的进行途径、生活的出路等都有较多讨论。恽代英就曾与读者通信，讨论青年要不要加入政党的问题。他提出"（一个）政党若有好的党纲、忠实的党魁，他是一个为正义作战的团体，我们应当服从他，与他联合作战"，目前中国革命迫切需要的是由"忠实的领袖"组织起来的"有党纲的党"。杨贤江则在给许金元的回信中谈道：幻想只用一个人的力量，只流一个人的汗来救中国，无法打倒军阀，挽救中国。在关于婚姻、家庭革命和打破旧礼教问题的回信中，杨贤江则认为光打破旧礼教仍然不彻底，不能普遍应用于社会。因为在资本主义经济制度下，一切生产商品化，一切生产工具为少数人占有。多数人要解决生活问题绝对不可能，势必限于贫乏。而贫乏的人势必被剥夺婚姻权利。因此可以断言，在资本主义经济制度下，不会有美满的男女结合。要实现美满的男女结合，解决生活问题，就得先打破这个妨碍其实现的经济制度。[1]

从"答问栏"分析，提问者的问题更加集中，对回答的要求也更加明确，其中第一大类问题涉及马克思主义的一些基本概念和基础问题。

如有人问何为社会主义？杂志的回复是社会主义和资本主义相反，主张大生产机关归国有，实行无产阶级专政。其中以马克思派社会主义为最切实际，故也称科学的社会主义。

有人搞不懂第一阶级至第四阶级为何意？杂志回复第一阶级指皇帝，第二阶级指贵族，第三阶级指资产阶级和寄生于资产阶级的智识阶级，第四阶级指无产阶级。

有人困惑于无产阶级与剩余价值两个概念，不知怎样解释。杂志回答无产阶级是被资本家雇用的劳苦群众，即所得劳动者。剩余价值是制造物品所费的价值和由这价值所制造出来的生产物的价值的差额，为资本家所榨取。

有人问何为"五五纪念"，杂志的回答是指科学的社会主义者马克思的生日即五月五日。

第二大类问题是要求提供阅读、学习的书目。有读者就称自己是一个失学者，想要自学，询问可以读哪些书

---

[1]《杨贤江全集》第4卷，河南教育出版社1995年版，第438、439、506、510页。

报？杂志就回答可以读《民国日报》和它的《觉悟》副刊、《中国青年》，并告诉他《中国青年》由上海小北门上海书店发行。

有读者表示对唯物史观很感兴趣，但了解不多。杂志就有意识地推荐商务印书馆出版的《东方文库唯物史观与马克斯主义》《马克斯经济学原理》，中华书局出版的《新文化丛书》《唯物史观解说》，民智书局出版的《唯物史观浅说》，上海书店出版的《伦理与唯物史观》和发表在《建设》上的胡汉民文章《唯物史观批评之批评》。

有读者则提问在中国研究社会主义，以哪一派为正当宗旨？杂志就请他购阅《社会主义讨论集》和《新青年》，提示他读完应能判断哪一派社会主义为正当。

有读者想了解苏俄的施政方针和国民状况，杂志就列出了商务印书馆出版的《劳农俄国研究》《赤都心史》，人民出版社出版的《俄国革命纪实》《劳农会之建设》《第三国际议案及宣言》，泰东书局出版的《苏维埃研究》以及《新青年》《前锋》《少年国际》上的文章以供他参考。

有读者要研究"社会科学"，杂志就向他推荐上海书店出版的《社会科学概论》《社会科学讲义》，商务印书馆出版的《马克斯主义与达尔文主义》《马克斯学说概要》《人生哲学与唯物史观》《社会问题详解》，还有《资本论入门》《阶级争斗》《唯物史观浅释》等。

　　第三大类问题涉及当时的革命发展和时政问题。如有读者问社会主义苏维埃共和国联盟是什么？杂志回答其为俄国国名，据 1922 年 12 月 30 日在莫斯科签字的联盟条约而成。加入的除了劳农俄罗斯本国外，还有乌克兰、高加索、白俄罗斯三个社会主义苏维埃共和国，是红俄罗斯统一运动最大的成功。

　　有读者问何为第三国际，杂志回答说第三国际是共产党的国际组织，又名共产党国际、红色国际。总部在莫斯科。俄国革命后始行创立，主张无产阶级专政及世界革命。各国极左派之劳动团体都加入。

　　有读者问为何要追悼列宁，说他虽然知道列宁提倡了一种主义，但对列宁的主义是否适用于我国心存疑问，更不能理解青年为何要群起追悼列宁。杂志的回答是请他阅读《列宁与中国青年》一文，就能知道青年群起追悼他的原因。并且请他认真研究列宁的思想。[1]

　　除了马克思主义的内容借由种种载体输入江南地方社会外，大革命时期能在江南地方社会传播、实践马克思主义的那些人也在纷纷养成。这些人大致可分为两类，第一类人物是入城又回乡的五四新青年。

　　五四时期，这些青年多在上海、北京、武汉、长沙等

---

[1]《杨贤江全集》第 4 卷，第 654、660、661、662、686、722、758、762、779、819、836 页。

大城市求学。五四学潮让他们与时代变迁产生了前所未有的紧密联系：当时他们在反帝爱国的示威游行队伍中；他们把自己投入了前所未有的学校性、地区性和全国性的学生组织；他们赤手空拳建立了平民夜校等各类学校，摸索着编写通俗易懂的教材，学习如何去唤醒民众；他们阅读来自北京、上海的读物，想着这个世界为何会有人如此之苦，这个世界真不应该再有人受苦。

到这些青年毕业之时，他们发现在上海等大城市求学不易，要留下来则更加艰难，对他们来说广阔天地在自己的江南家乡。于是他们纷纷踏上了回乡之路，其中就包括日后的早期共产党员侯绍裘、高尔松、高尔柏等人。从此他们将接着中国的地气、想着中国的问题，在江南大展革命的身手。

第二类人物是辛亥老革命。在清末，辛亥革命的组织者和参与者很多在上海活动。他们在石库门阁楼上冒着生命危险制造炸弹；他们潜伏沪宁火车站准备随时与清廷官员同归于尽；他们在上海报纸上撰写反抗清王朝的文章以期"文字收功日，全球革命时"。

但从1912年起他们深深地失望了：皇帝打倒了，他和他的小朝廷却还在紫禁城里，享受优待条件；革命成功了，总统却是袁世凯；紧接着就是尊孔，是复辟，是又一次复辟。

于是辛亥老革命有的流亡海外，有的游荡沪上，有的则干脆做起了那"挂着招牌"的所谓共和国的官。这些形成了前文所说的国民党的历史包袱。但也有一些辛亥老革命血仍未冷却，如柳亚子、邵力子、朱执信……他们有的在上海办起了报纸，开始了新的"文学革命""文字革命"和"思想革命"的征程，有的回到了自己的江南老家，重新振作，由本土本乡出发去完成那十多年前未竟的事业。

就这样入城又回乡的五四新青年与失落又振作的辛亥老革命在江南大地上处处相遇结合，他们的相遇结合使得江南有了开展大革命的基础。这种基础依托三种方式而奠定：

（1）借助五四期间在大城市里办学的经验，五四新青年们在江南地方社会既利用已有的学校来传播马克思主义，也通过新办学校来构筑革命摇篮，传播马克思主义。在无锡，1924年11月管文蔚、钱俊瑞等革命青年就邀请恽代英来江苏省立第三师范学校作演讲。恽代英的讲词论及江浙战争的苦痛、帝国主义对中国的侵害和马克思主义的先进。[1]大约5个月后（1925年4月），无锡各界在第三师范礼堂纪念孙中山，他们又请恽代英演讲。[2]他从孙中山逝世谈起，层层分析形势，号召青年奋起救国，参加革命。恽

---

[1]《管文蔚回忆录》，人民出版社1985年版，第23页。
[2]《管文蔚回忆录》，人民出版社1985年版，第28—29页。

代英的演讲吸引、感动了不少在场青年。据徐铸成回忆，他分析极清楚，语言生动，感染力极强，"我生平从没有听到过这样有强烈吸引力的演说"。[1]

在松江，侯绍裘等人接办了本在当地已穷途末路的景贤女校。在这个革命的摇篮里，侯绍裘等人招收学生，培养革命的即时力量和未来力量；编写讲义，把书本上的革命内容转化为课堂上的讲授内容；宣传景贤女校的活动、章程和精神，将文字借助《民国日报》等报刊发表，引发了全国革命者的群起共鸣和遥相呼应。

（2）创建各种地方性社团。这些革命者依托社团举办活动，寻觅新的革命力量，秘密发展党员、团员。在地方性社团里，社团成员借助读书会、演说会、互助会、评议会等形式互相砥砺、互相支持、互相学习。党、团组织在江南地方借助这些社团四处拓展，使得马克思主义深入了江南地方。

（3）创办各种地方性报刊。这些新型地方性报刊经常批评时政，建言地方，用短评、诗词、札记、五更调等通俗易懂的形式，浅明直白地向江南人民传播马克思主义。同时它们又会抓住重要的时间节点如列宁逝世、马克思诞辰、孙中山逝世等开展革命宣传，举办地方上的游行活动和悼念活动，做到了纸上文字和实际行动间的紧密相连。

---

[1]　徐铸成:《报海旧闻（修订版）》，生活·读书·新知三联书店 2010 年版，第 129 页。

而且它们不是在单打独斗，而是互为犄角、互做宣传。这些报刊精神上有结合、行动上有互助，站在同一条战线上，架起大炮"向帝国主义和军阀努力的进攻"！

学校、社团、报刊三位一体，合力推进带来的是马克思主义在广袤江南大地上的"扎根"。本章开头提到的柳亚子的故事就很值得一谈。

辛亥革命失败后，柳亚子从上海回到老家黎里，北洋军阀的黑暗统治令他很长一段时间意气消沉，流连于酒社、游宴。他重新开始投身革命是在 1922 年。是年，受五四运动和中共建党影响，柳亚子撰《乐国吟后序》，自题"李（列）宁私淑弟子"，在《吴根越角集后序》中亦自谓"醉心于马克思之学说，布尔萨维克之主义"。[1]

1923 年柳亚子在上海发起新南社，他在成立布告中总结新南社精神是"鼓吹三民主义，提倡民众文学，而归结到社会主义的实行"。这些话曾引发另一国民党元老叶楚伧的不满，威胁柳亚子说话不要太过"超前"。但柳亚子对叶楚伧的威胁不为所动。[2]

在老家黎里镇，柳亚子和毛啸岑等人创办了《新黎里》半月刊。这份地方性刊物销量最高时达 1120 份。更值得注意的是，《新黎里》不是当地唯一的新刊。据统计，从 1921

[1]　柳无忌：《我们的父亲柳亚子》，中国友谊出版公司 1989 年版，第 145—147 页。
[2]　柳无忌、柳无非、柳无垢编：《柳亚子文集·南社纪略》，上海人民出版社 1983 年版，第 103 页。

年到 1923 年，黎里镇周边各乡镇新创报刊不断涌现，有《新周庄》《新震泽》《新盛泽》《新平望》《新严墓》《新同里》等近 20 种。[1]

按照柳亚子的解释，这些报刊"新"就新在"为主义而办报"，"倘然主义不能扩张，就使报纸畅销，也是无益"，"一定要看报的人，不为新闻广告而看报，单为主义而看报"方为成功。

在这些新创报刊中，多呈现出乡镇中的江南人民对马克思主义的学习和对革命形势的关注。1923 年 4 月 1 日《新黎里》发刊词中已特别指出："自法兰西大革命成，而世界之局一变；自俄罗斯大革命成，而世界之局又一变矣！"[2] 它们刊发专门文章，推介《民国日报》《新青年》《前锋》《新建设》《新民国》《向导》《中国青年》以及郭沫若的革命长诗《匪徒颂》。

同时，这些办报者也没有看轻自身所处的江南小镇，而是把它看作世界马克思主义发展的重要组成部分，认为：

> 我们生在二十世纪世界上中华民国内的黎里，就应该有三重人格，一重是黎里的市民，一重是中华民国的国民，还有一重是世界的公民，有了这三重人格，

---

[1] 《四年来百里以内定期出版物底年表》，载中国革命博物馆、上海人民出版社编：《磨剑室文录》（上），上海人民出版社 1993 年版，第 794—798 页。

[2] 亚子：《发刊词》，《新黎里》创刊号，1923 年 4 月 1 日。

方才不做时代的反叛者。[1]

　　"不做时代的反叛者"，说明柳亚子等江南革命者对时代精神和未来潮流的深刻认知，这个认知就是马克思主义对中国革命的重要性。因此，柳亚子提出，"只崇拜马克斯和列宁"，希望把这样的观念"灌输到全黎里或全吴江智识阶级脑子里去"。而从这些革命者的言论和实践看，马克思主义确已开始到他们的"脑子里去"，比如他们已经能够比较熟练地运用"阶级"等概念，来定位自身和描述自身与他人的关系，认为他们所代表的"中产阶级"和"知识阶级"一定要把"阶级制度"融化，要能与劳工为伍！[2]在江南革命者的倡导引领下，江南各地城乡频频呼应，江南大地的革命活动如火如荼开展起来，迎来了大革命的高潮。

　　在大革命高潮席卷江南的过程里，北伐军势如破竹，江南各地的革命运动风起云涌。革命者在城市组织起了工人的武装，在市镇、乡村则组织起了无数个农民协会，加入协会的农民以百万计。马克思主义也就此与中共从建党起就极度昂扬的革命精神不断深度结合，进而与江南革命

---

[1]　YT（柳亚子）：《〈新黎里〉周年纪念宣言》(1924 年 4 月 1 日)，载中国革命博物馆、上海人民出版社编：《磨剑室文录》(上)，上海人民出版社 1993 年版，第 789 页。

[2]　YT（柳亚子）：《报纸是给甚么人看的?》(1924 年 8 月 16 日)、《对于啸岑、华昇结婚时茶话会上各人演说的批评》(1923 年 12 月 1 日)，载中国革命博物馆、上海人民出版社编：《磨剑室文录》(上)，上海人民出版社 1993 年版，第 826、744 页。

者的个人历史连为一体，成为他们生命中深度内化的东西。

这样的深度内化让革命者能在艰苦险恶的环境中不畏牺牲。在大革命高潮中，革命者一往无前，奋勇前突。他们有的在与地主豪绅的斗争中丧生，有的倒在军阀的屠刀之下，有的则战死于北伐的疆场之上。大革命遭遇挫折时，革命者面对的是反革命的背信弃义和突然袭击，当时的情形正如费孝通所言：

> 中学毕业的那一年正是 1928 年。1927 年白色恐怖笼罩江南。许多和我一起兴高采烈地欢迎北伐军进苏州城的青年朋友，就在这一年里，失踪的失踪，被捕的被捕，死亡的死亡。逆风猛烈地震撼刚刚踏进青年时代的心灵，这里流出了一片片灰溜溜的"水荇"。是泪还是血，很难说。我这一代就有许多人是这样开始的。[1]

面对白色恐怖，革命者没有低头、没有退缩，从容而坚定，即使是流血于街头，曝尸于刑场，被掷弃于滚滚江河。白色恐怖也会在反革命的监狱里蔓延，以致革命队伍中有告密以求苟活者、有变节以换富贵者，但在那些不见

---

[1] 费孝通：《山水·人物》，江苏人民出版社 1987 年版，自序，第 4 页。原文写年份误植为 1937 年、1938 年。

天日的牢笼里，更多的是有铮铮铁骨的、散发着信仰光辉的革命者。他们为了理想，慨然就义。比如在杭州陆军监狱就义的共青团浙江省委书记徐玮（胡公达），就留下了这样一首诉说其坚韧心志的七言诗云：

> 生死何计迟与早，灰色马在门外叫。
> 出门横跨马归去，蹄声响处人已遥。[1]

　　毕业于江苏省立第三师范学校的京沪特委军委书记钱振标则在赴刑场前用白话诗表达了相似的视死如归的心志：

> 草地斜阳，洁白而纯洁的羔羊。
> 不绝地跳跃，不绝地徜徉，
> 归乡何处？断头台上。[2]

　　这些壮烈牺牲的江南革命者因革命的长时间参与、组织认同的不断深化而有了崇高的毕生信念，能不畏牺牲。而在大革命挫折中幸存下来的江南革命者也一样锤炼出了崇高的毕生信念。他们清楚知道革命是一个长期的过程，不会轻易成功，需要在成功时积累政治斗争经验，更需要

---

[1] 骆耕漠：《往事回忆》，人民出版社 2004 年版，第 51 页。
[2] 《管文蔚回忆录》，人民出版社 1985 年版，第 97 页。

在遭受挫折时积累政治斗争经验。这些斗争经验帮助他们在国民党统治的核心区域生存下去，在国民党统治的薄弱地区开辟农村革命根据地，进而继续开展斗争。在他们的努力下，中国化时代化的马克思主义在不断发展，江南乃至全国的革命在继续前行。

第四章

剖析中国——三十年代中国农村派的江南调查与研究

1927 年中国共产党领导下的大革命遭遇挫折，中国的革命前途暂时处于未定和黯淡之中，马克思主义如何与中国具体实际进一步结合暂时悬而未决。此时理论斗争的一个焦点落在"中国社会性质是什么"这一重大问题之上。日后，毛泽东在《中国革命和中国共产党》中清楚说明了这一问题为何如此重要：

> 只有认清中国社会的性质，才能认清中国革命的对象、中国革命的任务、中国革命的动力、中国革命的性质、中国革命的前途和转变。所以，认清中国社会的性质，就是说，认清中国的国情，乃是认清一切革命问题的基本的根据。[1]

---

[1] 毛泽东：《中国革命和中国共产党》（1939 年 12 月），载《毛泽东选集》第 2 卷，人民出版社 1991 年版，第 633 页。

但在最初关于此问题的论争中，理论的泛滥和实际依据的贫乏形成了突出的矛盾。这是因为，关于中国社会性质是什么的讨论，涉及范围极为广泛，而当时经由实地调查得来的一手资料却严重不足。一些论争只能就理论谈理论，只是围绕一些名词概念做文章，难以对中国都市状况尤其是都市经济状况作深入剖析，更难以对作为中国基本经济基础的广大中国农村经济作深入剖析，留下了很多不足和空白。

改变这种理论难局的一大力量是中国农村派。这批日后成为新中国哲学社会科学中流砥柱的马克思主义社会科学家大多成长于江南地区，自 20 世纪 20 年代末起，他们就以江南为起点寻觅资料，作出调查，推进研究。本章就为大家讲述当时中国农村派在江南作调查与研究的故事。

一、从江南走向革命的中国农村派

中国农村派有其核心成员，有其外围成员。其核心成员包括中国农村经济研究会的理事、理事会重要工作的承担者和《中国农村》月刊的编者与主要撰稿人。外围成员则包括中国农村经济研究会会员、《中国农村》月刊的作者，还有新知书店、中国经济情报社等相关机构人员。其构成表现出了三个鲜明的特色。

首先是地缘的集中。中国农村派的核心成员大多来自江南地区，其中最大部分来自江苏无锡和无锡邻近各县，如陈翰笙、孙冶方、薛暮桥、王寅生、张锡昌、钱俊瑞、秦柳方、姜君辰、钱兆熊等。次多的则来自浙江，如骆耕漠（於潜）、徐雪寒（慈溪）、吴觉农（上虞）、孙晓村（余杭）、冯和法（宁波）、千家驹（武义）等。在外围成员中，中国农村派的江南地域色彩也有相当程度的体现。如1929年无锡农村经济调查团的大多数团员就来自无锡或邻近各县。

其次是学缘的集合。中国农村派的核心成员之间多有师生同学关系。更值得注意的是如薛暮桥、钱俊瑞、王寅生、张锡昌、秦柳方等人都毕业于江南的同一所学校——前文一再提及的坐落于无锡的江苏省立第三师范学校（以下简称三师）。

三师为中国农村派的核心成员提供了当时条件下相对优质的教育资源。校内教学设施齐全；名师众多，学习空气浓厚。以上条件保证了中国农村派里不少学者的基本学养和能力。薛暮桥就因为三师有严格的英文训练，所以能凭借流畅的英文作文顺利考取铁路练习生。钱俊瑞在校时则对数学、物理等科目很感兴趣，从他当时写的文章可以看出他对那时刚刚传入中国的爱因斯坦的相对论也有一定了解。

最后是生命处境的相似。这批江南青年大多成长于已经破落的或走向破落的地主家庭。他们在那样的环境里亲眼看见和亲身经历着旧社会的种种黑暗，因此他们会迫切地希望改变中国，进而他们成为与 20 世纪中国革命相伴随的一群人。中国农村派学者无论在江南内部，还是走出江南，都遭遇、参与和推动了 20 世纪 30 年代之前中国的一系列重大历史变革。他们在此过程中历经锤炼，成为真正的革命者，并在革命中成为真正的中国哲学社会科学研究者。

在辛亥革命期间，中国农村派的一些成员就已亲身接触并参与了革命。比如 1911 年 10 月 22 日，14 岁的陈翰笙就听到过长沙街头革命党的枪声，后又随革命党人傅熊湘到《长沙日报》馆帮忙，送过报也取过稿。那时的陈翰笙终日在外跑来跑去，其中每天要去的是长沙关码头。在那里他和其他向往革命的人士一起等待武汉开来的轮船，以购买报纸，获得革命的消息。此时的陈翰笙甚至动过不再读书的念头，以求继续做革命事业。[1]

在五四运动期间，中国农村派学者大多有罢课、游行、作救国演讲、排查日货、印刷分发油印宣传品的经历，江南各处都留下了他们爱国的身影。五四的热潮和江南社会主义的"落地"更让他们初步接触到了进步思想。1920

---

[1]　陈翰笙：《四个时代的我》，任雪芳整理，中国文史出版社 1988 年版，第 13 页。

年，薛暮桥就在三师图书馆里找到了一本宣传社会主义的小册子。他读后虽然不太懂，但觉得新鲜，激起了以社会主义来救国的热情。[1]

在江浙战争中，江南各处的学校被军阀强行征用，三师也不例外。三师师生被逼迫立即搬走，兵荒马乱之际，他们无奈地离开学校，踏上回家之路。一路上军阀麾下的兵痞四处抢掠，胡作非为。师生的财物常常被溃军劫掠一空，陷入他们人生中从未遭遇过的困境之中，从此痛恨军阀，改变中国年年月月混战的局面成了他们的普遍想法。

在五卅运动时，发生在上海的惨案和之后轰轰烈烈的反帝反军阀运动使得他们有了更为明确的大革命思想。五卅运动中党的组织大发展又让他们有机会能深入革命进程。孙冶方回顾说 1925 年暑假，他从无锡来到上海，参与了五卅运动。到上海后，他在沪西工人联合会做了一名宣传员。在这段时间里，他亲眼看到了无产阶级的伟大力量，并且学到了一些工作方法。

在 1926 年三一八惨案时，陈翰笙直接来到现场支持学生抗议。惨案中段祺瑞政府屠杀了 47 名男女青年，还有数以百计的爱国人士流血受伤。根据陈翰笙的记述："枪声停了一刻钟我方从西口逃出。（西）口有女尸横陈。头向门

---

[1]　薛暮桥：《薛暮桥回忆录》(1996 年)，载《薛暮桥文集》第 20 卷，中国金融出版社 2011 年版，第 16 页。

口，脚对卫队。我跑的时候，一阵阵火药气和血腥气几乎逼着我使我不能好好呼吸。"[1]

亲历三一八惨案让陈翰笙思考自己如何切实参与到大革命中，以改变这个满目疮痍的中国。在李大钊介绍下，他开始为共产国际工作。除了给共产国际写文章，和蔡和森的一次谈话让陈翰笙找到了日后持续的努力方向。蔡和森谈了广东海陆丰农民问题，希望他认真研究中国农村经济和农民如何翻身，要着重研究中国社会的历史和现状。

在大革命高潮来临时，中国农村派的这些核心成员迅速成长为革命的中坚力量，并经受住重重考验，加入了中国共产党或中国共产主义青年团。大革命遭遇挫折后，他们中的不少人不幸被捕入狱，后又长期被关押于特别反省院。在入狱和关押期间，他们不畏艰苦，坚持斗争，进一步锤炼了革命意志品质。他们有的自己学习世界语，同时教授难友世界语；有的则刻苦自修英语、日语，以多掌握语言工具，为出狱后的革命斗争做准备。

在全力掌握语言工具的同时，他们在狱中坚持理论学习，常通过上海流通图书馆等渠道购买马克思主义理论读物，比如列宁的《国家与革命》《左派幼稚病》等。这些读物要带进监狱或特别反省院都得经过严格审查。不过看守人员读书甚少，又爱不懂装懂，看到书名有国家二字，就

---

[1] 陈翰笙：《三月十八日惨案目击记》，《现代评论》1926 年第 3 卷第 68 期。

认为是讲国家主义的书。加上他们只知道列宁，不知道伊里奇，只知道马克思，不知道卡尔，想当然地认为署名伊里奇或卡尔的书只是一般外国作者写的，于是就放过了。《左派幼稚病》一书则被狱外党组织伪装为《小儿幼稚病》一类的医学书送进了监狱。

总之，中国农村派学者尤其是其核心成员大多是从江南走向革命。自辛亥革命开始，他们用了十余年时间成为真正的革命者。这样的经历让他们在进入下一阶段的斗争时，有了作为马克思主义战士的底气和凭借。

二、江南调查的资料准备和实际展开

1929 年 3 月，在蔡元培邀请下，陈翰笙就任国立中央研究院社会科学研究所专任研究员兼社会学组主任。借此机会，陈翰笙将王寅生、钱俊瑞等人均招揽入内。在国民党的白色恐怖下，中国农村派学者有了这样一个研究机构的"合法"外衣，他们在敌人核心区域的新的革命斗争才有可能展开。这些学者以马克思主义为指导，凭借着丰富材料的搜集、广泛而深入的社会调查，以及调查报告、理论文章、通讯报告的撰写、发表，做到了用科学研究来阐明当时中国半殖民地半封建的社会性质，论证了改革封建土地制度的必要性，对党所领导的土地革命起了很好的配合作用。

从丰富材料的搜集说，陈翰笙进入中央研究院后就大力推进社会科学研究所的资料搜集工作。他拿出了自己兼职的薪水作为订阅报纸的经费和聘请剪报人员的费用，以充实资料室。[1]此项工作在半年内就取得了很大成绩。资料室内搜罗了全国 24 个城市的重要中文报纸 35 种以呈现"各项社会纪实材料"。[2]到 1929 年末，社会科学研究所不仅在中文报纸资料方面积累起了大量资源，在图书、杂志等方面亦有相当进展。中日西文图书收藏有 31800 册，中日西文杂志收藏有 633 种、14204 册。[3]

从广泛而深入的社会调查来说，中国农村派学者提出"可靠的调查，便有科学的价值"，那么如何能做到调查的"可靠"，这体现在他们的调查过程里。在中国农村派学者作社会调查之前，20 世纪 20 年代在中国大地上也进行过不少形形色色的、由政府部门、社会机构和各大学发起的社会调查，包括各种农村调查。较为典型的就有美国学者卜凯所主持的，由金陵大学农业经济系师生所作的中国农家经济调查和土地利用调查。但是这些调查在中国农村派学

[1] 秦柳方：《云海滴翠——秦柳方选集之二》，中国财政经济出版社 1995 年版，第 8 页。
[2] 国立中央研究院社会科学研究所社会学组编：《中国农村经济研究之发轫》，中央研究院出版委员会 1930 年印，第 11 页。
[3] 国立中央研究院文书处编：《国立中央研究院十八年度总报告》，国立中央研究院总办事处 1929 年印，第 298 页；国立中央研究院文书处编：《国立中央研究院二十一年度总报告》，国立中央研究院总办事处 1932 年印，第 322 页。

者看来存在的问题非常多。

如陈翰笙等就提出由北京农商部主持的农村调查，其报告中的简陋虚妄之处不胜枚举。如报告中竟然说 1914 年至 1915 年，广东农民的总数骤增了 900 万。1922 年吉林耕地面积骤增了两倍，这样离谱的数据对严谨的学者来说是不能使用的。

谈到卜凯等主持的农村调查，陈翰笙等则认为其所用的表格大都不适于当地的实际情况。其报告不但对于各种复杂的田权及租佃制度未能加以详细剖析，也非常忽略雇佣制度、农产价格、副业收入、借贷制度等农村经济研究绝不容忽视的问题。其中尤其令人感到诧异的是，卜凯主持的调查对江南地区最基础的"亩的差异"问题都没有加以注意，其采样方法竟然是每个县只挑选一种亩的大小数据，就用来囊括此县的一切亩的大小数据。

至于 1922 年至 1923 年间由哈尔滨东省铁路经济调查局主持的"北满农业调查"，虽然其统计报告较卜凯等学者的报告详细准确一些，但其所调查的农户中非常缺少贫农样本，又完全忽视自耕农与其他农民在投资、收获上的各种差异，也未调查农村经济关系中的重要问题——借贷问题。

因此中国农村派学者把先前这些调查称为政府的"统计之残屑"与国外学者的"违反中国实情之报告"。他们决定另起灶炉，从事"有意识有组织之农村经济调查"。[1]

所谓"有意识有组织"的调查，其指导思想就是马克思主义基本原理和中国具体实际的结合。中国农村派学者充分意识到中国的基本特点是她的超大规模性，各地的社会发展程度非常不一致。因此调查必须分区域进行。

而且因为农村社会调查在中国刚刚起步，所以必须立足中国的实际状况，即虽然调查区域的划分可以以农作物、土壤、交通情况、市场状况、农户类别、租佃制度等作为标准，但关于这些标准的基本知识体系在当时还未完全建立起来，所以只能先从"农村经济显然特殊之地方"着手调查。

他们的方案是：在江苏、河北、广东这三个当时中国工业化程度最高的省份中，每个省选定农业最繁盛、工商业最发达的一个县作为调查范围。在这一县之内用较为初步的经济调查去决定数个调查的具体区域。在各具体区域内又选定一定比例数的村作为代表样本。

在这样的代表村中，每一村户都作仔细的、完全的挨户调查。挨户调查是指：按照预定的调查提纲逐户进行调查，然后把材料分类统计，研究各阶层的不同状况。

同时在选定代表村之邻村和这些村所依托的中心市

---

[1] 国立中央研究院社会科学研究所社会学组编：《中国农村经济研究之发轫》，中央研究院出版委员会 1930 年印，第 5—6 页；陈翰笙等：《亩的差异》，国立中央研究院社会科学研究所集刊 1929 年第 1 号，第 3 页。

场作概况调查。这样的调查需要邀请一些当地人士来谈当地市场、村落的情形。调查者按照调查提纲收集材料。被询问者应来自当地各社会阶层，这就可以让调查者从多方面观察问题。调查方法可以是个别访问，也可以是集体谈话。[1]

中国农村派学者依据这样的方案选择了江苏无锡、河北保定两处启动调查。这是因为无锡、保定是各自具有典型性，又可以作对比的调查地点。无锡工商业发达，佃农占村户总数的39%；保定则自耕农较多，工商业尚未发达。无锡土质基本为黏土，种稻最多，普遍一年两熟；保定土质基本为沙土，种麦最多，普遍三年两熟。限于本书的主题和篇幅，这里就以无锡调查为案例看中国农村派调查的展开过程。

1929年7月初到9月底，中国农村派学者在国立中央研究院社会科学研究所社会学组名义下组成无锡农村经济调查团，开展调查工作。调查团由调查员及办事员45人组成，其基本构成是：来自北京大学、劳动大学、上海法政专门学校研究农业或社会经济的毕业生、肄业生占三分之一，无锡当地高级中学肄业生占三分之一，其余基本为无

---

[1] 陈翰笙：《中国的农村研究》（1931年9月），载陈翰笙、薛暮桥、冯和法编：《解放前的中国农村》第3辑，中国展望出版社1989年版，第2页；薛暮桥：《怎样改进调查研究工作》（1943年7月），载陈翰笙、薛暮桥、冯和法编：《解放前的中国农村》第3辑，中国展望出版社1989年版，第19—20页。

锡当地的小学教员。[1]

　　调查团办事处设在无锡城中。调查员分为 4 组，每组设组长、交际、文书、会计等职务，由各组内的调查员兼任。调查团详细调查的村落共有 22 个，挨户调查达 1207 家。调查团又对附近 33 个村，以及作为各村经济中心的 8 个市镇作了概况调查。此后 1931 年、1933 年中国农村派学者又在无锡作过两次后续调查。[2]

　　中国农村派无锡农村经济调查历时甚久，其完整报告也因为当时斗争形势的复杂和严峻未能完全、及时地发表，但也形成了非常重要的系列成果，这就涉及中国农村派学者调查报告、理论文章、通讯报告的撰写和发表。

　　无锡农村经济调查形成的系列成果有《中国农村经济研究之发轫》《亩的差异（无锡 22 村稻田的 173 种大小不同的亩）》（以下简称《亩的差异》）和英文本《农村中国》部分章节等调查报告和理论文章。此外还形成了诸如《江南农村衰落的一个缩影》这样的通讯报告。其中重点可以谈的是《亩的差异》这份具有奠基性意义的调查报告。

　　此报告针对的就是前文提及的卜凯等学者主持的调查。

[1]　廖凯声:《无锡农村调查记略》(1930 年 3 月)，载陈翰笙、薛暮桥、冯和法编:《解放前的中国农村》第 3 辑，中国展望出版社 1989 年版，第 154—155 页。

[2]　新中国成立后，国内外学术机关和统计机构延续了当年的无锡农村经济调查工作，分别在 1958 年、1987 年、1998 年对江苏无锡农户做追踪调查，形成了江南农村较长时间段里的调查数据和调查报告，为理解中国经济长期变化提供了罕见的经验记录。参见范世涛:《陈翰笙与国立中央研究院无锡农村经济调查》，《中国经济史研究》2020 年第 5 期。

其问题意识很简单，也很明确，即作农村经济调查的基本立足点放在哪里，调查如何能站在坚实的基本立足点上，进而获得准确的而非似是而非的推论。在无锡农村经济调查中，中国农村派学者在22个作过详细调查的村中发现了173种田亩（名义上的土地单位）大小。其中最大者几乎等于9公亩，最小者不及3公亩。具体到一村之内，亩的大小往往有少到5种、多达12种的差异。即使在同一农户内，其所耕田亩，也经常有两三种不同的大小。

这样的调查报告看上去是在讨论琐碎的、具体的"亩的差异"问题，但它体现出的是中国农村派学者作调查时所秉持的科学精神，需要加以关注。这种科学精神是：作为中国学者，如何能依据马克思主义科学思想的指导，立足中国大地，老老实实作调查，扎扎实实作研究，作出属于中国人自己的、具有中国味道的哲学社会科学成果。这就需要进一步讨论中国农村派学者如何推进了马克思主义的中国化时代化。

三、中国农村派与马克思主义中国化时代化

以江南农村经济调查为代表的，由中国农村派学者所主导的一系列中国城乡社会调查，旨在回应中国革命进程中的重大问题。其在实地调查和资料整理过程中培养了一

批马克思主义社会科学家。这批学者不断推动着马克思主义的中国化时代化，主要表现在以下三个方面。

第一个方面是立足马克思主义的中国化时代化，调查研究如何能够真正转化为切实推动革命发展的成果和动力。

因为仅作调查研究而不考虑成果产出和动力转化，调查所得到的材料便会成为无意义的数字堆积。在中国农村派学者看来，调查工作绝不是像一些学者所认为的，是一个单纯的技术问题。它紧密关联于调查者的理论修养和工作经验。如何从大量的调查材料中"发掘出许多活生生的现实问题"，就需要不断提高下列理论修养和工作经验。[1]

（1）要把握住各种材料中所蕴含的社会意义、经济意义和政治意义。要把握以上意义就不能误用庸俗的、非马克思主义的调查统计方法，不能简单地区分所谓"动产"和"不动产"。研究者要认识到动产中有生产资料，也有消费资料。不动产中有生产资料，也有消费资料。因此必须从生产关系出发，研究"土地和劳动工具究竟在谁的手里""政权究竟掌握在哪一个阶级手中""这样的政权对于阶级关系和经济发展起着什么作用""在调查区域内，地主与农民的关系是怎样的""资本家与工人的关系是怎样的""产品的分配及其交换过程是怎样的"等一系列问题，这才算

---

[1]　薛暮桥:《怎样改进调查研究工作》(1943 年 7 月)，载陈翰笙、薛暮桥、冯和法编:《解放前的中国农村》第 3 辑，中国展望出版社 1989 年版，第 26 页。

初步把握住了前述的那些意义。

（2）要掌握阶级分析方法，进而着重研究各阶级的本质区别和它们彼此之间的关系。非马克思主义的调查常常故意抹煞各阶级的本质区别和它们彼此之间的关系。在他们的研究里，对土地分配，只做一村中各户拥有土地数量的分段统计。在中国农村派学者看来，单做这样的统计远远不够。因为拥有同样数量土地的人家，可以是富农，也可以是地主，可以由自己经营，也可以出租。若笼统地归于一处，就无法说明他们的社会生产性质。同时非马克思主义的调查者还反对"富农、中农、贫农"这样基于阶级分析的农户分类方法。他们主张把农民分为"自耕农、半自耕农、佃农"。这样的分类方法无疑是不太科学的。因为无论在自耕农或佃农中，都可能有剥削别人劳动的富农，自食其力的中农和受人剥削的贫农。

（3）要剖析中国社会经济发展的特殊规律和具体道路。中国每个地方有不同的自然条件和社会条件，在中国农村派学者看来，作分析就要抓住各地自然条件的不同和社会条件的不同展开。比如要分析地主与农民的关系，山区或贫瘠地区的土地分配往往会比较分散，平原或富庶地区的土地分配往往会比较集中，这就是自然条件所造成的影响。从社会条件的影响看，经济落后、商品经济不甚发展的地区，其封建等级关系就表现得比较显著，地主的超经济的剥削就比较严重。经济发展、商业繁荣的地区农民就相对比较自由，地主的超经济的剥削就会比较多地转变为经济的剥削。

（4）要把调查研究工作和实际政策的决定、执行密切结合起来。任何调查研究工作都不是"无目的"的，也不会只有"学术目的"。国外学者的社会经济调查，背后的目的经常在于帝国主义势力对中国的进一步渗透。他们调查原料生产状况，是为了更多地获得廉价原料；调查市场状况，是为了更多推销过剩的商品，继续投放过剩的资本。民族资产阶级认识调查农村经济，主要目的也在原料和市场的争取。而党的调查研究工作归根到底是为了发展生产，改善人民生活，领导经济上的、政治上的各类斗争。做的调查研究是为了帮助党制定政策，进而检验各种政策的实施情形及其实施结果。

第二个方面是立足马克思主义中国化时代化，中国的马克思主义者应该以什么样的态度和方式来阅读原典、运用原典。

中国农村派学者经常生活在"论战"之中。他们与国民党的理论家论战；他们与帝国主义学者论战，也与托派人士论战。在理论家、学者、人士里，有的人似乎也懂得一些"马克思主义"。他们惯用的研究方式和讨论方式是想方设法搜集原典中符合自己口味的断句零言，然后在文章中到处引用这些断句零言，来当作自己唬人的招牌。因此中国农村派学者对他们的集中批评就在"对于原典不做整个的了解"！

比如他们也爱谈商品、货币、资本、利润、利息、地租等马克思主义原典中常用的范畴。那么这些范畴究竟是属于"技术范畴"，还是"社会范畴"？原典的基本脉络究竟是重在讨论"人和自然的技术关系"，还是重在"人和人的社会关系"？他们就常常错误地认为是重在讨论"人和自然的技术关系"。

产生这样的错误的本质在于：这些人士对马克思主义一知半解，断章取义，只会教条化地死守"生产力决定生产关系"的原理，却不能认识到生产关系除了有被生产力决定的被动性，也有可以制约生产力发展速度、程度的能动性。进而他们也就只会从机械的观点来理解运动，即生产力发展推进生产关系变化，而不能从矛盾的观点来理解运动，即生产力发展与生产关系变化的对立和统一，于是也就理解不了何谓运动过程中的飞跃，即生产关系的突变和这种突变对于生产力发展的影响。

又如有些人士在农户分类问题上爱讲列宁研究俄国资本主义发展，常用马等耕畜拥有的数量和耕地面积作为划分农户的依据。中国农村派学者就一针见血地指出中国的农村经济要比革命前的俄国"复杂"得多，因此不能简单套用列宁的研究方式。在黄河流域，每一农家耕种几十亩甚至 100 亩土地的不算稀奇。但在江南地区，每家耕地在 10 亩以下的比比皆是。而且江南地区还有桑田和稻田的分别，两种田的出产决不能一样看待。因此若只是简单地以耕地面积来划分农户，就要出大问题。至于以拥有耕畜的数量来划分农户就更不可靠。在半殖民地的中国农村，耕畜的作用不宜估计过高。这是因为劳动力太过廉价，农民被极苛刻地压迫，经营农田的面积又狭小，耕畜不会产生太多的影响。在中国北方，因旱田经济的关系，用马耕田的还尚多。但在江南地区，不要说以马耕田，水牛数量也是有限，以无锡为例，往往是跑了几个村落而见不到一头水牛。这样如何可用拥有耕畜的数量来划分农户。[1]

综上，谈马克思主义之人如果是把社会生活各要素之间的关系作固化处理，搞错了主次之分别，那么引用再多原典，他们也不可能以正确理论来指导实践，反而会不断地"歪曲理论"，进而这种种的"歪曲"会很容易在实践中暴露出来，进而影响实践。比如因为不能理解生产关系的突变，所以变成了悲观的宿命论者或乐观的等待主义者。[2]

第三个方面是如何通过社会调查来阐明中国的社会性质，厘清、实践中国革命道路。中国农村派学者的江南社

---

[1] 孙冶方：《论农村调查中农户分类方法》，载《孙冶方全集》第 1 卷，山西经济出版社 1998 年版，第 49—50 页。

[2] 薛暮桥：《研究中国农村经济的方法问题——答复王宜昌、王毓诠、张志澄诸先生》（1935 年 8 月 20 日），载《薛暮桥文集》第 1 卷，中国金融出版社 2011 年版，第 122 页。

会调查是中国共产党运用调查研究来阐明中国社会性质，厘清、实践中国革命道路的重要起点之一。这些学者立足科学的、精细的、深入的调查，旗帜鲜明地指出：在20世纪20年代末、30年代，中国的土地关系（包括租佃关系）显示出十足的过渡性质。一方面其中有资本主义的萌芽存在，另一方面封建残余还占据相当优势。在半封建的土地关系的支配之下，多数农民仍受土地束缚，不能自由自在地向资本主义道路发展。而所谓农民仍受土地束缚主要表现为两种形态：第一，多数农民没有脱离土地，还未成为"飞鸟一样自由"的无产阶级；第二，他们同时又无充分土地可以保障自己的独立生活，因此不得不屈膝于地主之前而受其束缚。这种半封建的土地关系，同时又让高利贷者和封建性的农村商人获得大量上下其手的空间，因为无论是不自由的农奴或是"自由"的无产阶级，都没有像这种半自由半独立的贫农那样容易受他们的宰割。[1]

这样的结论为毛泽东在1939年撰写《中国革命和中国共产党》、1940年撰写《新民主主义论》等重要文章提供了参考。毛泽东在《中国革命和中国共产党》中就写道："我们这个殖民地、半殖民地、半封建的社会，有如下的几个特点"，其中一个特点是"封建时代的自给自足的自然经济

---

[1] 薛暮桥：《中国农业生产关系的检讨》（1935年2月1日），载《薛暮桥文集》第1卷，中国金融出版社2011年版，第68页。

基础是被破坏了；但是，封建剥削制度的根基——地主阶级对农民的剥削，不但依旧保持着，而且同买办资本和高利贷资本的剥削结合在一起，在中国的社会经济生活中，占着显然的优势"。[1]

毛泽东参考中国农村派的调查研究结论，中国农村派学者则在革命斗争中将党中央对中国社会性质的深刻认识，对中国革命道路的深入分析通过教学、宣传传递给更多的党员、群众。

据薛暮桥回忆，1941 年，他被派到位于江苏盐城的中国人民抗日军事政治大学第五分校工作。当时的办学条件十分艰苦，一无校舍，二无教材，教员也缺乏，要靠自己培养。因此当地的祠堂、庙宇，乃至茂林修竹都被当作了课堂。学生们没有桌椅，就坐在自己的背包上，膝盖上搁着书包当书桌。就是在这样的环境里，薛暮桥依据《中国革命和中国共产党》等重要文章，将课程定名为"中国革命问题"，编写适合于新四军干部、战士学习的讲义，并最终出版。

剖析中国归根到底讨论的是如何充分利用调查研究，但又不陷于琐碎材料来全面和深刻地认识历史中国、当下

---

[1] 毛泽东:《中国革命和中国共产党》(1939 年 12 月)，载《毛泽东选集》第 2 卷，人民出版社 1991 年版，第 630 页。

中国和未来中国。1925 年教育家舒新城即提醒说：各种中小学教科书的编辑者大多为江浙沿海地区的人士。这些编辑者对于中小学教育虽然有精深研究和长期经验，但是因为环境关系，对于内地的人情风俗不太了解，所以他们编成的教科书，最多只能适用于江苏、浙江两省。[1] 这个提醒对于今日的中国哲学社会科学工作者，尤其是多处于北京、上海、广州等繁华都市的中国哲学社会科学工作者尤其重要，能否"融贯空间相，通彻时间相，而综合一视之者"是具有相当挑战性的任务。[2]

这一任务的可能解决方案，中国农村派学者早已有提示。1930 年陈翰笙在《关于保定农村调查的一些认识》中就指出："至少要调查几十县性质不同的地方，才可以约略知道中国农村经济的全部。"可是这样做的困难在于若要做大规模，有组织的调查，加上后续的整理和研究，一年调查一个县工作已经非常紧张。那么要调查几十个县就意味着几十年光阴的投入，到有成果之时，研究者的黑发已转了白头。对此他的看法是："研究工作成本总是贵的……与其草率的得了一些浮浅知识，还不如脚踏实地去认识一切根本关系！"[3]

---

[1] 舒新城：《教育丛稿》，中华书局 1925 年版，第 245 页。
[2] 钱穆：《中国今日所需要之新史学与新史学家——本文敬悼故友张荫麟先生》，《思想与时代》1943 年第 18 期。
[3] 陈翰笙：《关于保定农村调查的一些认识》（1930 年 7 月），载《解放前的中国农村》第 3 辑，中国展望出版社 1989 年版，第 39、40 页。

　　可以说，中国农村派学者大多是用其一生来示范如何脚踏实地地去认识一切"根本关系"。他们的工作至今依然费着中国哲学社会科学工作者的思量，考验着中国哲学社会科学工作者的行动，因为其中蕴含着从碎片走向综贯、准确剖析中国的真谛。

结 语

————

　　1923 年 5 月 1 日正值国际劳动节，日后"左联五烈士"之一的柔石来到了江南名刹灵峰寺，遇到一位僧人。此僧人在成都办过中学，参加过辛亥革命，也参加过反对袁世凯复辟的斗争。袁世凯倒台后，鉴于当时社会的黑暗，他就不再在社会"周旋"，遁入空门。但他受到前文所言的江南社会主义传播、落地的大影响，对社会主义在中国的发展趋势很有一些自己的见解。他对柔石说"社会主义于现中国似不合，但亦不可不提倡，一时不说，则一时赶不上别人，万年不说，则万年赶不上别人"。[1]

　　这个故事除了说明当时江南社会主义传播的广度和落地的深度外，其内容更有颇多值得我们深入思考之处。以往关于社会主义尤其是马克思主义的传播，常说一句话，叫"十月革命一声炮响，给中国送来了马克思列宁主义"。其实毛泽东写下这句话是限制于当时的特定历史条件的，

————

[1] 鲁迅研究室、柔石故居整理：《柔石日记选》2，1923 年 5 月 1 日条，《新文学史料》1987 年第 3 期。

那就是 1949 年中国革命即将胜利，而斯大林对中国共产党还是不放心，因此我们会特别强调这一点。由这句话出发，一方面它确实揭示出了很多历史面相，但另一方面它也遮蔽了不少历史面相。

著名党史学者胡绳即认为这句话简单化了社会主义在中国传播的过程。其实在辛亥革命之后，1917 年之前，中国实际生活中的阶级斗争已经非常尖锐。同时中国人对西方资本主义、帝国主义国家的看法，也经历了一个从失望到绝望的变化。要到第一次世界大战后，在中国和世界范围内才都觉得资本主义没有前途了。结合这两个历史发展，十月革命才能对中国产生这么大的影响。而且在马克思列宁主义被"送来"以后，消化它又有一个艰苦漫长的过程，否则何谈马克思主义的中国化时代化。[1]

由此，前文提到的"社会主义于现中国似不合"，"但亦不可不提倡"才能得到切实的理解。与"现中国"不合的是原典中描述的社会主义发展的条件，对照原典中的论述，当时中国离成熟的资本主义社会形态都相去甚远，何谈能进入社会主义社会。但又为何"不可不提倡"呢？这源自世界范围内资本主义发展的百病丛生，源自世界社会主义潮流的迅猛发展，更源自中华民族需要伟大复兴，中国人民希望文明重焕的强大内在动力。

---

[1] 金冲及：《一本书的历史》，中央文献出版社 2014 年版，第 45—46 页。

　　中国有着 5000 多年的文明史。树高千尺有根，水流万里有源。绵延不绝的中华文明使社会主义在中国的传播，不是一个简单的外国输入与中国接受的过程，而是新思想与旧思想的不断碰撞融合，中国社会发生不断有利于社会主义传播、落地、实践的转型过程。在此过程里，马克思主义基本原理同中华优秀传统文化、同中国具体实际在不断结合，至今仍在进行中。

　　江南地区在中国历史长河里经济、文化长期发达，是中国马克思主义基本原理同中华优秀传统文化、同中国具体实际不断结合的代表性区域。自 1840 年起，西方殖民者加紧向中国东南沿海渗透，江南地区受帝国主义冲击的程度较其他地区更为严重。在江南人民救亡意识的催动下，早在清末，包括社会主义思想在内的各种新思潮就已在江南出现。江南读书人对新文体、新思想的接纳，使阅读与讨论社会主义在江南形成风气。新报刊的兴起、新书籍的流行和江南读书人的多方流动，更使社会主义有渠道从江南一隅向全国各地流布。不仅如此，江南的革命者更是能超越思想文字，走向革命实践，使得社会主义在此区域能够真正落地生根。

　　社会主义在江南实现传播与落地，当然有外部因素的刺激，但更多还是植根于江南的悠长历史之中。因为在这一地区，人心中普遍常植的是"求世间公道、追天下大同"

的古老理想，并有将此古老理想付诸实现的决心和动力。

进而言之，社会主义与中国江南互动的进程，一方面展示的是中国革命在中国各区域传播、落地的差异性，另一方面展示的是中国革命在差异中所拥有的统一、强大的内生性。正是凭借强大的内生性因素即源远流长的中华优秀传统文化与马克思主义的科学内核的充分联动，中国人生活的出路、生命意义的出路、国家的出路乃至整个世界的出路才能串联在一起解决。[1]

"串联在一起解决"决定了中国革命实践具有多个层次。但在多层次的实践之上，中国革命在中国化时代化马克思主义的指引下，统一于建设一个新中国与建设一个新世界的宏大目标。有此整体规划和宏大目标，在中国共产党的领导下，个人的革命就能不囿于个人，乡村的革命就能不限于乡村，城市的革命则能延展出城市。这场延续至今的大革命的初衷不仅要"救国救民"，更要"救世界"，"就是愿意自己好也愿意别人好"，所谋求的是"人类全体的幸福"。[2]如此宏大的革命目标，结合江南社会主义传播、生发的具体历程，中国共产党领导下的中国革命的独特风貌与普遍意义展示得清晰而具体。

---

[1] 参见王汎森:《思想是生活的一种方式：中国近代思想史的再思考》，北京大学出版社 2018 年版，第 158 页。

[2] 毛泽东:《致蔡和森等》(1920 年 12 月 1 日)，载中共中央文献研究室编:《毛泽东书信选集》，中央文献出版社 2003 年版，第 2 页。

　　回望这段历史，继而观照现实与未来。中国人不但是在各个方面"赶上了别人"，而且在中国共产党的领导下创造出了人类文明新形态。这种人类文明新形态的创造和中华文明突出的连续性、创新性、统一性、包容性、和平性紧密联系在一起。社会主义与中国江南互动的进程，正鲜明地反映了中国共产党在百余年奋斗中，脚踏中华大地、传承中华文明，探索并形成了符合中国国情的正确道路，走上了建设中国特色社会主义的康庄大道。我们这个时代的新文化正在创造之中，中华民族现代文明的发展必会在人类文明发展中写下浓墨重彩的华章。

后 记

————

短文比长文难写，薄书也比厚书不容易作。因此本书是一个初步的尝试，用六七万字的篇幅处理一个大的问题。很多前辈学者也这样做过，留下了不少精品力作，因此可以视为对他们的致敬。

这本书主要围绕三个关怀展开。第一个关怀是中国那么大，讲社会主义的传播不能像以前那样笼而统之，大而化之，一言以蔽之。而是要立足区域，以具体区域再现整体中国，江南无疑是合适的。第二个关怀是讨论社会主义的传播，历史学的任务是要赋予这个重大题目以"历史的血肉"，在"历史的血肉"的基础上，用真正的、动态的、联系的"事实"来厘清虚悬理论的逻辑，破除不切实际的冥想。在我看来无论是学术研究还是理论宣讲，这都是"走深走实"的必由之路。第三个关怀是近代以来尤其是1949年前，中华文明遇到了危机，但中华文明不会消亡，而且她在与世界其他文明的交流互鉴中会走向重焕。

本书的写作、出版得到了上海市社会科学界联合会、上海人民出版社、中国历史研究院、华东师范大学历史学系、华东师范大学社会主义历史与文献研究院等多家机构、单位的领导、专家的提点和支持。责任编辑沈骁驰为书稿做了精心编辑，指出了不少疏漏和错误。我的研究生潘璐、黄卓贤为书稿的文字修订、史料核对做了不少工作。在此一并致谢。

瞿 骏

2023 年 9 月于张江汤臣豪园三期

图书在版编目(CIP)数据

文明重焕:社会主义与中国江南/瞿骏著.—上
海:上海人民出版社,2023
ISBN 978-7-208-18525-8

Ⅰ.①文… Ⅱ.①瞿… Ⅲ.①科学社会主义理论-发
展-研究-华东地区 Ⅳ.①D61

中国国家版本馆 CIP 数据核字(2023)第 171462 号

责任编辑 沈骁驰
封面设计 崔欣晔

文明重焕
——社会主义与中国江南
瞿 骏 著

出 版 上海人民出版社
(201101 上海市闵行区号景路 159 弄 C 座)
发 行 上海人民出版社发行中心
印 刷 上海商务联西印刷有限公司
开 本 720×1000 1/16
印 张 9
插 页 4
字 数 77,000
版 次 2023 年 11 月第 1 版
印 次 2024 年 7 月第 2 次印刷
ISBN 978-7-208-18525-8/G·2169
定 价 42.00 元